江苏省教育厅哲社课题《大数据视阈下高校贫困生精准资助研究》（2019sjb736）；
盐城工业职业技术学院三全育人重点课题《以双育资助为载体的发展型资助育人体系的探索与实践》（DJ2022A004）；

高校学生数据化管理研究

张国兵　著

吉林文史出版社
JILIN WENSHI CHUBANSHE

图书在版编目（CIP）数据

高校学生数据化管理研究 / 张国兵著 . -- 长春：
吉林文史出版社, 2025. 4. -- ISBN 978-7-5752-1083-6

Ⅰ . G645.5

中国国家版本馆 CIP 数据核字第 20257ZM003 号

高校学生数据化管理研究

GAOXIAO XUESHENG SHUJUHUA GUANLI YANJIU

出 版 人　张　强
著　　者　张国兵
责任编辑　张　微
出版发行　吉林文史出版社
地　　址　长春市净月区福祉大路5788号
邮　　编　130117
电　　话　0431-81629364
印　　刷　长春市华远印务有限公司
开　　本　787mm×1092mm　　1/16
印　　张　13.25
字　　数　210千
版　　次　2025年4月第1版
印　　次　2025年4月第1次印刷
书　　号　ISBN 978-7-5752-1083-6
定　　价　58.00元

前　言

在数字化时代，大数据已然成为驱动社会变革的核心力量，对各领域的影响极为深远。在高等教育领域，传统的教育管理模式正面临着新的挑战及机遇。作为高等教育关键构成的高校学生管理，其重要性已被广泛认同，迫切需要借助大数据技术实现管理理念、模式及方法的全面转型升级。

回顾传统的高校学生管理模式，多依赖人工经验及简单的数据统计分析。在面对如今海量、复杂且瞬息万变的学生信息时，这种模式的弊端愈发明显。而大数据技术的兴起，为高校学生管理带来了新的契机。大数据具有海量性、多样性、高速性和价值性的特征，能够对学生在学习、生活、社交等多方面产生的海量数据进行实时采集及深度分析。通过这些分析，高校可以精准洞察学生的行为模式、学习习惯和心理状态，进而实现对学生的个性化管理。

本书致力于深度挖掘大数据及高校学生管理之间的内在联系，从多个维度展开研究。在数据层面，详细探讨学生数据的采集来源、类型以及处理过程中的技术及伦理问题，确保获取的数据真实、准确且可用。在管理实践方面，从学生行为分析切入，延伸至学业、生活和就业管理，系统展示大数据如何助力优化管理流程，精准满足学生的多样化需求。同时，还对学生数据管理系统的架构设计、数据安全及隐私保护策略进行了深入研究，为高校在大数据时代的安全、稳定发展提供坚实保障。希望本书的研究成果，能为高校学生管理提供坚实的理论支撑和切实可行的实践方案，推动高等教育管理朝着智能化、科学化方向迈进，助力培养适应新时代需求的高素质人才。

目 录

第一章　高校学生管理的理论基础

随着大数据时代的到来，数据已成为推动社会发展的重要资源。高校作为人才培养的摇篮，其学生管理工作也面临着前所未有的机遇与挑战。本章将深入探讨大数据技术的基本概念、特征及其应用领域，明确高校学生管理的内涵与范畴，并分析当前学生管理所面临的现实挑战。在此基础上将重点阐述大数据与学生管理融合的必要性、可行性及实现路径，同时关注融合过程中可能存在的潜在风险。通过本章的学习，读者将对大数据时代高校学生管理的理论基础有更加全面和深入的理解，为后续的研究与实践提供坚实的支撑。

第一节　数据化的基本概念及特征

信息技术的飞速发展，使大数据技术成为当今社会的热点话题。本节将简要介绍大数据的基本概念，包括其定义、发展历程以及技术核心，并详细阐述大数据的主要特征，如数据体量庞大、数据类型多样、数据处理高速以及数据价值密度低等。同时还将探讨大数据技术在商业、科学研究以及社会管理等领域的应用，为读者深入理解大数据技术在高校学生管理中的应用奠定理论基础。

一、大数据的基本概念

（一）大数据的定义

大数据不仅是一个简单的技术概念，更是一种全新的数据理念和处理方式。它所指的是那些规模极为庞大、类型极为繁多、处理速度极为迅速，并且蕴含着巨大潜在价值的信息资产集合。

大数据的"大"并不仅体现在数据的数量级上。与传统数据相比，大数据的体量之大是前所未有的，它涵盖了从个人日常行为到企业运营，再到国家社会治理等各个方面的海量数据。但更重要的是，大数据的"大"还体现在其复杂性和多样性上。它不仅包括结构化数据，如数据库中的表格数据，还包括半结构化数据，如网页中的 HTML 文档，以及非结构化数据，如图片、音频、视频等。大数据是信息时代发展的必然产物，随着数字化、网络化、智能化趋势的不断推进，数据的产生和存储能力得到了极大的提升，大数据应运而生。在这个信息时代，数据已经成为一种新的资源，一种可以挖掘出无限价值的信息资产。

大数据的定义不仅局限于数据本身，它还涵盖了数据的采集、存储、处理、分析和应用等全过程。数据的采集是大数据的基础，只有通过各种手段收集到足够的数据，才能为后续的处理和分析提供素材。数据的存储则是大数据的保障，只有安全、可靠地存储数据，才能确保数据的完整性和可用性。数据的处理和分析是大数据的核心，只有通过先进的技术手段对数据进行处理和分析，才能挖掘出数据背后的价值和规律。而数据的应用则是大数据的目的，只有将处理和分析的结果应用到实际场景中，才能发挥出大数据的真正作用。在决策支持、知识发现、趋势预测等方面，大数据发挥着重要作用。通过大数据分析，可以更加准确地了解市场动态、客户需求、社会趋势等信息，为决策提供有力的支持。同时还能帮助发现新的知识点和规律，推动科学的进步和发展。

（二）大数据的发展历程

大数据的发展历程，其渊源可以追溯至信息技术的早期萌芽阶段。在那个时代，数据处理和分析的技术尚处于初级阶段，数据的规模和复杂性也相对有限，因此大数据的概念并未引起广泛的关注。然而，随着计算机技术的不断进步和互联网技术的逐渐普及，数据的产生和存储能力开始逐渐增强。特别是在近十几年里，互联网技术实现了突飞猛进的发展，数据的产生速度呈现出指数级的增长态势。社交媒体、电子商务、在线支付等互联网应用的广泛普及，使得海量数据不断涌现。这些数据中蕴含着丰富的信息和价值，大数据因此逐渐走进人们的视野，并成为信息时代的新宠。在这一阶段，大数据开始被越来越多的企业和机构所重视，他们开始意识到大数据的潜在价值，并尝试通过数据挖掘和分析来获取有用的信息。

随着物联网、云计算等技术的快速发展，大数据技术也迎来了前所未有的变革。物联网技术的广泛应用，使得各种智能设备、传感器等不断产生大量数据，为大数据提供了更加丰富的数据源。而云计算技术的出现，则为大数据的存储和处理提供了更加高效、灵活的解决方案。在这一背景下，大数据技术经历了从简单数据收集到数据挖掘、数据分析的转变。数据仓库、数据挖掘算法、数据可视化等技术不断涌现和完善，使得处理数据的能力日益增强，挖掘数据价值的方法也日益多样。大数据不再仅仅是数据的堆砌，而是通过先进的技术手段，被转化为有价值的信息和知识，成为推动社会进步和产业升级的重要工具。企业和机构开始利用大数据来优化业务流程、提升运营效率、创新产品和服务，从而获得了巨大的竞争优势。

如今，大数据已经渗透到人工智能、机器学习等高级应用领域，展现出了更加广阔的应用前景。通过与这些技术的深度融合，大数据正在发挥着前所未有的作用。在人工智能领域，大数据为机器学习算法提供了丰富的训练数据，使得机器能够更加准确地识别和理解复杂的信息。在智能推荐、自然语言处理、图像识别等方面，大数据都发挥着至关重要的作用。同时，大数据还能够帮助人们预测未来趋势，引领产业发展。通过对历史数据的分析和挖掘，能发现隐藏在数据背后的规律和模式，从而预测未来的市场走向、消费者需求等。这将为企业和机构提供更加精准、全面的决策支持，帮助他们更好地应对未来的挑战和机遇。可以预见，在未来的日子里，大数据将继续发挥其独特优势，推动社会进步和产业升级走向新的高度。

（三）大数据的技术核心

由于大数据具有大规模、异构、多源等特点，大数据技术与传统的数据处理技术有所不同，大数据技术通过高效、实时的采集多种多样的数据源并存储于存储介质中、通过对采集的海量数据实时地分析、挖掘、提炼数据中蕴含的价值及潜在信息。在大数据处理的每一个环节，都出现了许多针对大数据独特需求的新兴技术。

数据采集：通过各类信息化或智能化系统数据、用户个性数据、社交网络交互数据、各类日志数据、各种传感器数据、射频数据、互联网数据及移动互联网数据等采集的各种类型的结构化、半结构化及非结构化的海量数据。

数据预处理：主要完成对已采集数据的辨析、分类、抽取、清洗等操作。

数据存储：把采集到的数据存储起来，建立相应的数据库，使用分布式文件系统并进行管理和调用。

数据分析：对海量数据源进行实时高效的数据分析、挖掘、发现数据源背后蕴含的信息源，再对信息源提炼出知识，进而研究事物发展的规律和趋势，可创造出巨大的商业价值和社会价值。

数据挖掘：从大量数据中通过各种算法自动抽取模式、关联、变化、异常和有意义的结构，寻找其规律的技术，是数据库技术、统计学、人工智能技术的综合①。

二、大数据的主要特征

（一）数据体量庞大

大数据的"大"体现在其数据规模的庞大上，随着信息技术的飞速发展与普及，数据产生的速度与日俱增，其规模也随之不断膨胀。无论是社交网络上用户的点滴互动，还是科学实验中产生的海量观测数据，都在不断充实着大数据的宝库。这些数据如同海洋一般浩瀚无垠，为数据分析与挖掘提供了取之不尽、用之不竭的丰富素材。大数据不仅体量庞大，而且其涵盖的领域也极为广泛。从社交网络的社交动态、消费习惯，到科学实验的研究结果、观测数据，大数据触角延伸至社会的每一个角落。这种跨领域、全方位的数据收集，使得大数据在决策制定过程中能够提供更加全面、准确的依据。无论是企业战略规划，还是政府政策制定，大数据都能为其提供有力的数据支撑。

① 李燕萍.大数据背景下高校信息化建设的思考［J］.漳州职业技术学院学报,2016,18(02):85-88.

（二）数据类型多样

大数据之"大"是指其体量庞大，更在于其涵盖的数据类型极为丰富。除了传统的结构化数据，如企业数据库中的客户信息、交易记录等，大数据还包含了大量的半结构化数据和非结构化数据。半结构化数据，如电子邮件、网页等，具有一定的结构但又不完全固定；而非结构化数据，如社交媒体上的文本留言、图片、音频、视频等，则完全没有预定义的结构。在大数据的浪潮中，非结构化数据的涌现尤为引人注目。随着社交媒体、物联网、移动互联网等技术的快速发展，文本、图像、音频、视频等非结构化数据以前所未有的速度产生和积累。这些数据以其直观、生动的特性，记录了人们的日常生活、工作、娱乐等各个方面的信息。非结构化数据不仅丰富了大数据的内涵，还提供了更为真实、全面的世界图景。对于大数据分析来说，非结构化数据是不可或缺的重要资源，它们蕴含着大量的有价值信息，等待着人们去发掘和利用。

多样化的数据类型使得大数据技术在处理复杂问题时更加得心应手。不同类型的数据可以相互补充，共同揭示出事物背后的规律和趋势。例如，在市场营销领域，企业可以通过分析客户的购买记录（结构化数据）和社交媒体上的评论（非结构化数据），来更全面地了解客户的需求和偏好，从而制定更为精准的营销策略。然而，多样化数据类型也带来了挑战。不同类型的数据具有不同的特点和存储需求，如何有效地整合、管理和分析这些数据，是大数据技术面临的重要课题。

（三）数据处理高速

在信息时代，时间的宝贵性无与伦比，效率直接关系到竞争的成败。大数据技术凭借分布式计算、并行处理等先进手段，将海量数据的处理和分析时间大幅缩短，实现了数据的高速流转和实时响应。这种高速处理能力不仅提升了数据处理的效率，更为实时决策提供了坚实的技术支撑。在应对突发事件时，大数据技术能够迅速整合和分析相关数据，为决策者提供及时、准确的信息，助力快速做出应对措施。同时在市场监测方面，大数据技术也能实时追踪市场动态，捕捉瞬息万变的市场信息，为企业及时调整市场策略、抢占先机提供有力保障。

（四）数据价值密度低

尽管大数据蕴含着无尽的宝藏，但其价值密度却相对较低，这是大数据的一个显著特点。大数据中掺杂了大量的冗余信息和噪声数据，这些数据如同沙砾般混杂在金矿之中，需要通过专业的技术和方法进行仔细地筛选和提炼。然而，正是这份看似低价值密度的数据中，往往隐藏着宝贵的知识和深刻的洞察。通过大数据技术的深入挖掘和分析，揭示了数据背后的规律和趋势，为决策和创新提供无限可能。这种从海量数据中提炼出有价值信息的过程，就像是在沙里淘金，虽然艰辛，但一旦成功，就能获得意想不到的收获。

三、大数据技术的应用领域

（一）商业领域的应用

1. 大数据技术助力精准教育与个性化管理

大数据技术以其对海量数据的深度挖掘和分析能力，在商业领域实现了精准营销与产品设计。在高校管理中，大数据技术也可以为精准教育和个性化管理提供有力支持。通过收集和分析学生的学习行为、兴趣爱好、社交活动等数据，高校可以更加全面地了解学生的需求和特点。数据技术可以帮助高校建立学生画像，对每个学生的学业成绩、出勤情况、参与课外活动的情况、社交网络中的互动行为等进行全面记录和分析。基于这些数据，高校可以为学生提供更加个性化的教育服务，如定制化的学习计划、针对性的辅导和支持、符合学生兴趣的课外活动等。同时，大数据技术还可以帮助高校识别出需要特别关注的学生群体，如学习困难学生、心理健康问题学生等，从而为他们提供更加及时和有效的帮助。

2. 大数据技术助力高校把握教育趋势与竞争态势

在商业领域，大数据技术使企业能够实时捕捉市场动态，深入分析市场趋势的变化，并监控竞争对手的动态。大数据技术也可以帮助高校把握教育领域的发展趋势，了解其他高校的管理创新和实践经验。通过收集和分析教育领域的相关数据，如政策文件、学术论文、教育报告等，高校可以及时了解新兴的教育理念、教学方法和技术手段。这些数据可以为高校的战略规划和发展提供有力支持，帮助高校制定更加符合时代要求和教育规律的发展战略。同时，通过对同类高校的数据分析，如招生规模、专业设置、师资力量、科研成果等，高校可以了解自身的优势和劣势，找出与竞争对手的差距和不足。

3. 大数据技术助力高校优化管理流程与实现智能化管理

在商业运营中，大数据技术帮助企业优化运营流程，降低成本，提高效率，并实现智能化管理。大数据技术通过对高校的学籍数据、成绩数据、行为数据等进行深入分析，高校可以识别出管理流程中的瓶颈和浪费环节。例如，通过分析学生的选课数据，高校可以发现哪些课程受欢迎、哪些课程选课率低，从而调整课程设置和教学计划。同时通过建立数据驱动的决策支持系统，高校可以更加科学地进行资源配置、风险管理和绩效评估。例如，基于学生的学业成绩和出勤数据，高校可以自动评估教师的教学效果，为教师提供反馈和改进建议。大数据技术还可以应用于高校的校园安全管理、后勤服务管理等方面，提高管理效率和服务质量。这将有助于推动高校管理向智能化、精细化方向发展，提升高校的整体运营效率和竞争力。

（二）在科学研究中的应用

1. 大数据技术助力科学规律挖掘

大数据技术为科研人员挖掘和分析海量数据，探索科学规律提供了前所未有的有力支持。在科研过程中，科研人员需要处理的数据量往往极为庞大，且类型多样，包括实验数据、观测数据、模拟数据等。这些数据中蕴含着丰富的科学信息，但传统的数据处理方法往往难以应对如此庞大的数据量。而大数据技术凭借其强大的数据存储、处理和分析能力，能够帮助科研人员快速、准确地挖掘出数据中的有价值信息。通过深入探索数据背后的规律和模式，科研人员能够发现新的科学现象，揭示新的科学规律，从而推动科学研究的深入进行。例如，在天文学领域，大数据技术帮助科研人员处理和分析海量的天文观测数据，揭示了宇宙的演化规律和星系的形成机制；在气候学领域，大数据技术助力科研人员分析全球气候数据，为气候变化研究提供了重要依据。

2. 大数据技术成为科学假设验证的利器

在科研过程中，提出假设是科研人员进行研究的基础，但假设的正确性需要通过实验或数据分析来验证。大数据技术为科研人员提供了丰富的数据资源和强大的数据分析工具，使他们能够基于大量数据对假设进行验证。通过对比实验数据与理论预测，科研人员可以更加准确地判断假设的正确性，从而进一步完善或修正理论模型。例如，在物理学领域，科研人员可以利用大数据技术处理和分析粒子加速器的实验数据，验证基本物理定律和理论模型的正确性；在生物学领域，科研人员可以利用大数据技术分析基因表达数据，验证基因功能与疾病发生发展的关系。

3. 大数据技术促进学科交叉融合与创新

在天文学、生物学、医学等多个领域，大数据技术已经取得了显著成果，这些成果不仅推动了单一学科的发展，还为不同学科之间的交叉融合提供了可能。例如，在天文学与计算机科学的交叉领域，大数据技术帮助科研人员处理和分析复杂的天文数据，推动了天文信息学的发展；在生物学与医学的交叉领域，大数据技术助力科研人员分析基因序列数据和临床病历数据，为精准医疗提供了有力支持；在环境科学与工程学的交叉领域，大数据技术帮助科研人员监测和分析环境污染数据，为环境保护和可持续发展提供了科学依据。这些跨学科的应用成果不仅展示了大数据技术的强大魅力，也为新兴学科和跨学科研究的兴起提供了有力支撑，推动了科学研究的不断创新和发展。

（三）在社会管理中的应用

1. 大数据分析社会舆情，及时发现问题

政府可以利用大数据技术，对社交媒体、新闻网站、论坛等渠道上的海量信息进行实时抓取和分析，通过自然语言处理和情感分析等技术，深入挖掘民众的观点和情绪，从而准确掌握社会舆情动态。这种实时的舆情监测机制，使得政府能够及时发现社会热点问题和潜在风险，如民众对某项政策的反响、对某个事件的关注度等，为决策提供科学依据。在高校大学生管理中，这一技术同样具有广泛应用。学校可以通过分析学生在社交媒体上的言论、校园论坛上的帖子以及学习生活中的行为数据等，及时了解学生的思想动态和潜在问题，如学业压力、人际关系困扰等，从而采取有效措施进行引导和干预，确保学生的身心健康和校园的稳定。

2. 洞察民生需求，优化政策制定

大数据技术能够帮助政府深入了解民众的需求和诉求，通过数据分析揭示民众关注的焦点问题和实际需求。政府可以建立民生数据平台，整合教育、医疗、住房、就业等各方面的数据资源，进行深度挖掘和分析，以更加精准地制定和调整政策。例如，通过分析教育数据，政府可以了解各地区教育资源的分布情况和教育质量的差异，从而制定更加公平合理的教育政策。对于高校而言，大数据技术也可以用于深入分析学生的学习、生活需求。学校可以通过调查问卷、在线反馈等方式收集学生的数据，然后利用大数据技术进行挖掘和分析，了解学生对课程设置、教学方法、校园设施等方面的需求和意见，为学校提供改进教学和服务方向的依据，从而更好地满足学生的多元化需求。

3. 强化公共安全，预测趋势变化

政府通过对历史数据和实时数据的深度分析，建立公共安全预警模型，预测公共安全事件的趋势和可能发生的地点。例如，通过分析交通流量数据，可以预测交通事故的高发路段和时段；通过分析气象数据，可以预测自然灾害的发生可能性和影响范围。这种预测能力使得政府能够提前采取防范措施，降低公共安全事件的风险和损失。在高校管理中，大数据技术也可以用于校园安全监控和预警。学校可以通过分析学生行为数据、校园设施状况等信息，建立校园安全预警系统，及时发现安全隐患并采取措施进行整改，确保校园的安全和稳定。

4.助力智慧城市建设，提升社会治理能力

政府可以整合城市各方面的数据资源，如交通、环境、能源、公共服务等，建立城市数据平台，实现城市管理的智能化和精细化。通过大数据技术的应用，政府可以实时监测城市交通流量、环境质量、能源消耗等情况，及时发现问题并采取措施进行解决。同时，大数据技术还可以应用于公共服务领域，如医疗、教育、社保等，提高公共服务的效率和质量。对于高校而言，智慧校园的建设也离不开大数据技术的支持。学校可以利用大数据技术建立智慧校园管理系统，实现教学、管理、服务等方面的智能化和信息化。例如，通过大数据技术分析学生的学习数据和行为数据，可以为教师提供个性化的教学建议和辅导方案；通过大数据技术管理校园设施和资源，可以提高校园设施的利用率和管理效率；通过大数据技术提供校园服务，如在线选课、成绩查询、图书借阅等，可以方便学生的生活和学习。

第二节　高校学生管理的内涵及范畴

高校学生管理是高等教育体系中的重要组成部分，它关乎着学生的全面发展、校园的和谐稳定以及教育质量的提升。随着大数据时代的到来，高校学生管理面临着前所未有的机遇与挑战。本节将深入探讨高校学生管理的基本内涵、主要范畴以及现实挑战，旨在为大数据背景下高校学生管理的理论与实践提供有益的参考。通过明确学生管理的定义、目标与核心任务，划分管理的主要范畴，并分析当前管理工作中存在的复杂性问题、多样化需求及手段局限性，期望能为高校学生管理工作的创新与发展提供新的思路与方向。

一、高校学生管理的基本内涵

（一）学生管理的定义

在高校教育体系中，学生管理是指对在校大学生进行全方位、多层次的管理与服务活动。它不仅局限于传统意义上的行政管控，更涵盖了教育引导、心理辅导、职业规划等多个方面。在大数据时代，学生管理更加注重数据的收集、分析与运用，通过数据化手段，更精准地掌握学生动态，为学生提供更加个性化、差异化的管理与服务。学生管理的核心在于促进学生的全面发展，确保学生在校期间能够健康成长，顺利成才。

（二）学生管理的目标

学生管理的首要目标就是促进学生的全面发展，这不仅是一个口号，而是需要具体落实到每一个学生的成长过程中。在学业上，管理者要关注学生的学习成绩，但更要注重他们的学习方法、学习态度以及学习兴趣的培养。通过数据化手段，可以分析学生的学习轨迹，找出他们的学习弱点和兴趣点，从而提供个性化的学习资源和辅导。在生活上，管理者要引导学生养成良好的生活习惯，培养他们的自理能力，让他们学会独立生活、独立思考。在心理上，管理者要关注学生的心理健康状况，及时提供心理支持和干预，帮助他们建立积极的心态，面对生活中的挑战和困难。

在大数据时代，学生管理面临着海量的数据和信息，如何有效地利用这些数据，提高管理的精准度和效率，成为学生管理的重要目标。通过数据化手段，管理者可以实时掌握学生的学习状态、生活情况及心理变化，对这些数据进行深入分析和挖掘，可以发现潜在的问题和风险，及时采取相应措施进行干预和预防。同时，数据化手段还可以帮助管理者更加科学地制定管理决策，避免主观臆断和盲目决策。例如，可以通过数据分析来优化课程安排、改进教学方法、完善学生评价体系等，从而提高教育教学的质量和效果。

在快速变化的社会环境中，具备良好的自我管理能力是每个人必备的技能。学生管理不仅要关注学生的当前成长，更要为他们的未来发展打下坚实的基础。通过引导、激励和实践等方式，管理者可以帮助学生学会自我管理，包括时间管理、情绪管理、目标设定等。时间管理是自我管理的基础，管理者可以教会学生如何合理安排时间，提高学习效率和生活质量。情绪管理则是帮助学生学会控制自己的情绪，保持积极的心态，面对生活中的挑战和压力。目标设定则是引导学生明确自己的目标和方向，制订可行的计划和行动方案，不断追求进步和成长。

（三）学生管理的核心任务

学生管理的基石在于建立一个完善、科学且合理的管理体系。这要制定明确的管理制度，细化管理职责与流程，确保每一项工作都有章可循、有责可追。同时，加强师生之间的沟通与交流是管理体系中不可或缺的一环，它有助于建立良好的师生关系，增进相互理解和信任，为学生的成长营造一个和谐、支持的环境。此外，关注学生的心理健康，及时提供有效的心理辅导，也是管理体系中的重要组成部分。心理健康是学生全面发展的基石，只有身心健康的学生才能充分发挥出自己的潜能。在大数据的背景下，学生管理工作要充分利用数据化手段，如数据分析、数据挖掘等，来深入了解学生的需求、兴趣和行为模式，从而为学生提供更加个性化、精准的服务。通过数据化的管理方式，提高管理的效率，减少人为的错误和疏漏，同时提升管理的质量，使学生的成长和发展更加符合时代的要求和社会的需求。

二、高校学生管理的主要范畴

（一）学业管理

学业管理是高校学生管理的核心组成部分，它直接关系到学生的学术成长和未来的职业发展。在大数据时代，学业管理不再仅局限于传统的成绩记录和课程安排，而是更加注重数据的深度挖掘和运用。通过对学生学习成绩、出勤率、课堂参与度、作业完成情况等多维度数据的全面收集与分析，学校能够及时发现学生在学习过程中存在的问题和困难。学校提供了个性化的学习建议与辅导，帮助学生调整学习方法，提高学习效率。学业管理还涵盖了课程安排的合理性、学籍管理的规范性以及考试组织的严谨性等方面，确保学生能够在一个有序、公正的环境中顺利完成学业，为未来的职业发展奠定坚实的基础。

（二）生活管理

生活管理关乎学生的日常生活品质与身心健康。在大数据时代，生活管理更加注重服务的个性化与差异化，以满足学生日益多样化的需求。通过对学生生活习惯、消费习惯、兴趣爱好等数据的深入分析，学校能够更准确地了解学生的需求和偏好，从而提供更加贴心、个性化的生活服务。例如，学校可以根据学生的饮食习惯调整食堂菜单，根据学生的作息时间优化宿舍管理，还可以根据学生的安全需求加强校园安全管理。这些措施旨在营造一个安全、舒适、便捷的生活环境，让学生能够更好地专注于学业和个人成长。

（三）心理健康管理

心理健康管理是高校学生管理中尤为重要的一环，它直接关系到学生的心理健康状况和成长稳定性。在大数据时代，心理健康管理更加注重预防与干预的结合，通过对学生心理状态、行为表现等数据的持续监测与分析，及时发现学生的心理问题并采取措施进行干预。学校可以建立心理健康档案，定期对学生进行心理健康测评，及时发现并关注存在心理困扰的学生。同时学校还应加强心理健康教育，普及心理健康知识，帮助学生建立正确的心理观念，增强心理韧性。学校还应提供专业的心理咨询服务，为学生提供一个倾诉心声、寻求帮助的平台，确保学生的心理健康得到及时有效的关注和支持。

（四）就业指导与服务

就业指导与服务直接关系到学生的职业规划和未来发展。在大数据时代，就业指导与服务更加注重信息的精准匹配与个性化服务，以帮助学生更好地适应职场需求。通过对学生职业兴趣、能力特长、就业意向等数据的全面分析，学校能够更准确地了解学生的职业发展方向和需求，从而提供更加精准的就业信息与职业规划建议。同时，学校还应加强职业技能培训，提升学生的职业素养和竞争力；组织招聘会、校企合作等活动，为学生搭建与用人单位沟通的桥梁。这些措施旨在帮助学生顺利走向职场，实现职业梦想，为社会的繁荣和发展贡献自己的力量。

三、高校学生管理的现实挑战

（一）管理对象的复杂性

高校学生之所以难管，在于高校学生有着特殊的属性。主要的属性分成以下几点：年龄、社会经验、自我认知。首先是年龄问题，高校学生一般都在 18 岁以上，在国家法定成年年龄之上，已经具有判断是非、分析问题的能力。同时对于世界观和价值观已经基本成型，所以自我意识比较强，如果此时还是采用初高中的教育模式学生和教师之间的矛盾就会被放大，同时这时候学生的反抗精神也会增强。不同于青春期的冲动这个年龄的学生对抗管理的方式，通常采用'阳奉阴违'的方式。其次学生的社会经验是高校学生难以管理的另一大因素，高校学生的学习能力强，同时因为社会经验不足，容易把事情简单化、理想化。感觉自己有了点本事就可以在社会生存，对于知识、经验不思进取，这样学生是非常难以管理的。再次学生自我认知也是学生管理存在的问题，很多高校的辅导员以及助教通常都非常年轻，和学生的年龄差距很小。较小的年龄差距是一把双刃剑，一方面可以加快教职人员和学生的快速融入，另一方面也会造成教职人员难以在学生中间建立威信，反而出现教职人员被学生牵着鼻子走的情况。

（二）管理模式的问题

我国的教育管理呈现出很强的统一化。所谓的统一化管理就是说学生管理模式从小学到大学都有很多的相同之处，但是不同时期的学生心态、知识、价值观有着很大的不同。对于管理方式没有形成差异化就是学生管理的一个重点问题。学生的管理没有差异，这让学生会产生严重的反感。很多学生会这么抱怨：我都是大学生了，为什么还把我当成小学生一样管着。所以管理模式的统一化是让学生越来越难管的根源。[②]

---

② 王亚明.如何做好高校学生管理工作[J].知音励志,2016,(24):306.

第三节　学生管理与数据化的融合逻辑

大数据技术的快速发展为高校学生管理提供了新的思路和方法，使得管理更加高效、精准。本节将探讨大数据与学生管理融合的必要性、可行性，以及实现路径，同时分析融合过程中可能存在的潜在风险，旨在为大数据时代下的高校学生管理提供理论支撑和实践指导。

一、大数据与学生管理融合的必要性

（一）提升管理效率的需求

在高校学生管理中，传统的管理方式因为数据处理能力的有限而显得力不从心。管理人员需要手动收集、整理和分析大量的学生信息，如学业成绩、出勤记录、活动参与情况等，这不仅耗时耗力，还容易出错。随着大数据技术的融入，这一局面得到了根本性的改变。大数据平台能够自动、快速地收集各类学生信息，并进行有效地整理和分析。通过实时的数据监控，管理人员可以迅速掌握学生的整体状况，及时发现异常或潜在问题。这种高效的数据处理能力，极大地弥补了传统管理方式的不足，为高校学生管理带来了新的活力和可能。

大数据技术的应用，不仅显著提升了高校学生管理的效率，还在管理质量上实现了质的飞跃。通过大数据平台，管理人员可以实时、准确地获取学生的各类信息，这使得他们能够迅速对潜在问题作出反应，及时采取措施进行干预和引导。这种及时性的管理，有效避免了问题的积累和恶化，提高了管理的针对性和有效性。同时，大数据技术的优化作用还体现在管理流程上。它通过自动化、智能化的数据处理方式，减少了人为操作的错误和疏漏，使管理更加科学化、规范化。

（二）实现精准化管理的需求

每个学生都是独特的，他们拥有不同的性格特质、兴趣爱好以及学习方式。大数据技术的引入，为管理人员提供了深入了解每个学生的窗口。通过对学生日常行为、学习表现等多维度数据的收集与分析，管理人员能够勾勒出每个学生的个性化画像。这种深入的了解，使得管理能够更加贴近学生的实际需求，为每个学生提供量身定制的服务和支持，从而满足其个体差异化的管理需求。大数据不仅帮助管理人员掌握学生的基本情况，还能通过深度挖掘数据，揭示出学生的学习习惯、心理状态等深层信息。这些信息是管理决策的重要依据。基于大数据的分析结果，管理人员可以更加准确地判断学生的需求，制定出更加具有针对性的管理策略。这样的管理方式，不仅提高了管理的精准度，还显著增强了管理的有效性，使得管理工作能够更加高效地促进学生的全面发展。

（三）适应教育信息化的需求

1.转变管理者思维，强化信息时代大数据理念

结合当前高校学生管理信息化建设工作开展实际情况来看，要想做好管理工作，首先需要加强教师信息化数据理念认知，转变其传统的管理思想。学生管理工作者需要运用辩证的眼光来看待大数据时代高校学生管理信息化建设的积极作用，其提高了管理效率，能够更加快速、及时、高效地对各项数据进行收集和分析。如在开展各项学生活动时，为了更好的地满足学生的文化活动需求，开展令他们满意的活动。在活动开展之前，就可以借助校园网络分析和整理学生在校园网中登录网页的情况，对相关的数据进行整理和分析，这样能够深入地了解大部分学生在平时的学习和生活中比较关注的内容，在此基础上开展学生活动，学生的参与积极性必将会大幅度地提高，由此可见，学生管理信息化建设的积极作用，所以说，在教学工作开展过程中，教师要转变自身传统的观念，提高思想认识进而更好地开展各项工作。

2.高校需要培养大数据分析方面的专业人才

在大数据时代要想发挥好信息技术在高校学生管理中的积极作用，建设信息化管理系统只是相关工作开展的第一步内容，在实际的工作中，其还需要培养专业的大数据整理分析人才，对各种数据进行分析和管理。该工作的落实主要可以从两方面入手，一是要提高学生管理工作者招聘门槛，招聘具有相关能力的教师；二是要加强教育教学培训工作的落实，通过集中化的培训，提升负责相关工

作教师的综合能力。此外，还需要做好传帮带工作，在开展学生管理工作时，一些年轻教师基本上都系统地学习过计算机知识，对于大数据有一定的了解和认识。但是，也有一些年纪比较大的教师对于相关知识的了解不够深入，甚至是一无所知，这样必然会对教学工作的开展产生消极影响。所以说，在落实学生管理信息化建设工作时，还需要做好传帮带工作，提升全体管理教师的综合能力。

3.加强数据安全保障制度的建立

当前在开展学生管理工作时，借助大数据的保存和查询虽然为相关工作的开展提供了较大的便利，但是数据安全也是相关工作开展中需要重点考虑的一个问题，如果学校数据管理在安全上存在漏洞，可能会对学生的信息安全造成严重威胁。所以说，学校还需加强数据安全保障制度的建立，注意提高管理者及学生自身的数据安全意识，加强团队技术研发，建立优良的管理制度，进而有效地保证学生信息数据安全。总之，高校是为社会培养优秀人才的重要场所，在教育教学工作开展过程中，做好教学管理能够更好地帮助学生学习文化知识，提升其综合素质，促进教学的长远发展，而要做好这方面的工作适当地应用大数据，加强学生管理信息化建设，这样才能更好地对学生进行管理，保证其在校期间的信息安全，促进学生健康发展。③

二、大数据与学生管理融合的可行性

（一）技术基础的成熟

大数据技术以其强大的数据处理和分析能力，在各个领域取得了显著的应用成效，高校作为知识与技术的前沿阵地，早已配备了先进的计算机网络设施，并组建了一支专业的技术团队，这为大数据技术的引入和应用提供了坚实的基础。这些设施不仅满足了大数据存储、处理的高要求，还确保了数据传输的安全性和稳定性。同时，随着大数据技术的持续研发和创新，其算法模型、数据分析工具等日益成熟和完善，使得在高校学生管理中的应用变得更加可靠和有效。高校可

---

③ 高翔.大数据时代高校学生管理信息化建设途径探究［J］.今日财富(中国知识产权),2019,(01):173.

以依托这些成熟的技术基础，将大数据技术深度融入学生管理的各个环节，实现管理方式的革新和效率的提升。

（二）数据资源的丰富

高校学生管理涉及的数据信息种类繁多，涵盖了学生的基本信息、学业成绩、活动参与记录、心理健康状况等多个方面。这些数据不仅数量庞大，而且具有较高的价值密度，为大数据技术的应用提供了丰富的资源。通过对学生数据的全面收集、系统整理和深入分析，管理人员可以更加全面地了解学生的整体情况和个体差异，掌握学生的学习习惯、兴趣爱好、心理状态等关键信息。这些信息不仅为精准化管理提供了有力支持，还能够帮助管理人员制定更加个性化的管理策略和服务方案。

（三）政策支持与推动

随着国家对教育信息化的高度重视和大力支持，大数据技术在高校学生管理中的应用也迎来了前所未有的发展机遇。政府相关部门出台了一系列政策措施，明确鼓励高校积极运用大数据技术提升管理水平和服务质量。这些政策不仅为大数据与学生管理的融合提供了有力的政策保障和支持，还为高校提供了资金、技术、人才等多方面的资源倾斜。在政策的引导和推动下，高校可以更加积极地探索大数据技术在学生管理中的应用路径和模式，不断推动管理方式的创新和管理效率的提升。同时，政府还可以通过组织培训、交流研讨等活动，帮助高校管理人员更好地掌握大数据技术的应用技能和方法，为大数据与学生管理的深度融合提供有力的人才保障。

三、大数据与学生管理融合的实现路径

（一）数据采集与整合

大数据与学生管理的有效融合，首要任务是构建起一个全面且高效的数据采集体系。这一体系需涵盖学生在校期间的方方面面，包括但不限于学业成绩、出勤情况、活动参与、心理健康状态等多维度信息。通过科学合理的采集点设置和

先进的技术手段，确保数据的收集既全面又准确，为后续的数据分析和管理决策奠定坚实基础。数据采集之后，关键在于如何将这些来自不同渠道、不同格式的数据进行有效整合。这要求高校拥有一套完善的数据处理机制，能够将各类数据进行清洗、去重、转换，最终形成统一的数据格式和标准。这样的数据处理流程不仅提高了数据的可用性和一致性，还为后续的数据分析提供了极大便利，使得管理人员能够更高效地挖掘数据价值，支持学生管理的精准化决策。

（二）数据分析与应用

在现实生活中，不同部门会以不同的数据形式，给学生管理工作提供数据。相关教师细致研究视频数据、文本数据，并借此开展学生管理工作，其工作开展效果更为理想。为进一步提升学生管理工作开展质量，相关教师可以借助大数据可视化、预测分析、数据挖掘等作用辅助工作。在可视化作用的帮助下，相关教师能够正视大数据技术优势、特点，且能够借助其交互性特征辅助工作。学生管理相关数据中既有重要数据，也有随机、模糊数据。相关教师应该借助大数据技术数据挖掘作用，在这些数据中找出有用数据。经实践发现，相关教师挖掘、发挥上述大数据技术作用，并借此构建模型，预测未来事件，能够为学生管理工作的顺利开展做好准备。

1. 关联规则算法的应用

为找出大数据技术内各个要素的关联特征，相关人员应该合理借助关联规则算法辅助工作。在算法帮助下，相关教师能够分析出某一个现象的外在影响要素。在学生管理工作中，相关教师通过分析班级学生社团活动相关数据，能够了解学生个人喜好情况。教师借此给学生提供相关课程，能够满足学生个性化发展需要。除此之外，教师可以根据学生浏览数据、就业数据等，得出不同数据间的关联性。教师借此调整管理工作开展方式，积极开展以学生为中心的管理工作，能够使学生管理工作价值充分体现。

2. 分类、聚类、预测挖掘算法的应用

经实践发现，教师合理应用聚类算法辅助管理，能够使其管理质量得到保障。这种工作开展方式属于分析技术。通过分析，教师能够顺利得出不同群体的行为特征，教师借此开展学生管理工作，能够使其管理有效性大幅提升。现如今，各高校已然能够借助各专业学生的学习行为数据，分析、得出相关学生的学习进度、专业课程的授课质量。在大数据的帮助下，教师能够有针对性指导学生，学生也将借此找到更适合自己的学习方法。

3.机器学习方法的应用

教师在学生管理模型构建与应用工作中，借助机器学习方法辅助工作，并借此训练模型参数，能够使管理模型构建、应用价值充分体现。在实际工作中，教师应该明确机器学习的作用。经实践发现，教师借助具备监督功能的学习机器，使用现有数据积极开展训练模型工作，能够使相关模型的预算结果愈加精准。现如今，各高校已然能够根据不同的学生管理需求，构建不同的模型辅助工作。

在学生管理工作开展期间，教师能够以相关学生在网络平台上的学习数据、日常考试数据为依据，构建学业预警模型。在学业预警模型的帮助下，学生能够及时获知自身学习进度、学习效果，且能够在模型、教师的帮助下，重新规划学习方案。除此之外，教师还可以借助社团、竞赛等数据，建立有关个人能力的模型。教师借此给班级学生提供就业服务，能够帮助学生顺利就业。在现实生活中，教师既要关注学生学习情况、个人能力，又要密切关注学生的心理健康情况。对此，相关教师可以根据学生在校园网络中的浏览、留言情况，建立能够实时监测学生心理健康情况的模型。教师将上述模型应用在学生管理工作当中，便于教师及时获知学生的心理健康情况。一旦学生遇见困难、产生负面情绪，相关教师应该主动与学生交流、沟通。这种学生管理方式能够真正帮助学生解决问题，使其能够在掌握专业知识、专业技能的基础上，身心健康成长。[④]

（三）管理模式的创新

大数据技术为高校学生评价带来了前所未有的革新。传统评价方式往往侧重于学业成绩等显性指标，而大数据技术的应用则使得评价更加全面、立体。高校

---

④ 韩浩天.大数据在高校学生管理中的应用分析［J］.创新创业理论研究与实践,2021,4(23):151-153.

可以依托大数据技术，建立包含学业、实践、社交、心理等多维度数据的学生评价体系。这一体系能够更准确地反映学生的综合素质和发展潜力，为教育管理者提供更为科学的评价依据，进而促进个性化教育方案的制定和实施。大数据技术不仅在于事后的分析和评价，更在于其前瞻性的预警能力。高校可以利用大数据技术，对学生的学习生活数据进行实时监测和分析，建立预警机制。当数据出现异常波动或偏离正常范围时，预警机制能够及时触发，提醒管理者关注并介入。这样，潜在的问题可以被早发现、早处理，有效避免问题的扩大和恶化，保障学生的健康成长和学校的稳定发展。

四、大数据与学生管理融合的潜在风险

（一）数据安全与隐私保护

大数据技术在高校管理中的应用，无疑极大地提升了工作效率和数据处理的精准度，但随之而来的，是大量学生个人信息和数据的安全与隐私保护问题。这些数据不仅包含学生的基本信息，如姓名、学号、成绩等，还可能涉及更敏感的隐私内容，如心理健康状况、家庭经济情况、个人行为习惯等。因此，高校必须高度重视数据安全管理，建立健全的数据安全保护机制。这包括但不限于制定严格的数据访问权限控制策略，确保只有经过授权的人员才能访问相关数据；采用先进的加密技术，对存储和传输的数据进行加密处理，防止数据在传输过程中被截获或篡改；定期备份数据，以防数据丢失或损坏。同时，高校还应加强对学生的隐私保护意识教育，通过开设相关课程或举办讲座等形式，提高学生的隐私保护意识，使他们了解个人数据的重要性，学会如何保护自己的隐私，避免个人信息被不当获取或滥用。

（二）技术依赖与伦理问题

随着大数据技术的广泛应用，高校管理人员对技术的依赖程度日益加深。这种依赖虽然提高了管理效率，但也带来了一系列伦理问题。过度依赖技术可能导致管理人员忽视对学生的人文关怀和情感支持，使管理变得冷冰冰、缺乏人情

味。例如，一些高校可能过于依赖数据分析结果来评价学生的表现，而忽视了与学生的面对面交流和沟通，从而影响了师生关系的和谐。此外，技术的运用还可能产生不公平或歧视性的结果。如果数据采集或处理过程中存在偏差，或者算法本身存在歧视性，那么基于这些数据做出的决策就可能对学生造成不公平的待遇。因此，高校在运用大数据技术时，应注重技术与人文的结合，确保管理的公平性和公正性。这要求管理人员在利用技术的同时，也要保持对学生的关注和关心，确保管理决策既科学又合理，既高效又人性化。

（三）数据质量与准确性问题

大数据技术的应用效果和管理决策的准确性，很大程度上取决于数据的质量和准确性。然而，在实际应用中，数据的质量和准确性往往受到多种因素的影响。在数据采集过程中，可能由于采集设备的问题、采集人员的操作失误或学生填写信息的不准确等原因，数据存在误差或遗漏。在数据整合和处理过程中，也可能由于算法的不完善、处理流程的不规范或数据格式的不兼容等原因，产生错误或偏差。这些问题都可能严重影响大数据技术的应用效果和管理决策的准确性。因此，高校应加强对数据质量的监控和管理，建立严格的数据质量控制体系。这包括制定数据采集和处理的规范流程，确保数据的准确性和一致性；定期对数据进行质量检查和评估，及时发现并纠正数据中的问题；加强对数据采集和处理人员的培训和管理，提高他们的专业素养和责任心，确保数据的质量和准确性得到有力保障。

（四）缺乏大数据来源

依托大数据技术开展学生管理工作的重要前提为能够获取大量学生日常行为产生的数据，但工作人员只掌握了学生部分基础数据，学生其他各类数据通常分布在各个部门，受工作人员自身权限的限制，其无法与其他各部门进行数据共享，难以掌握完整、全面的学生数据，直接阻碍工作人员基于大数据技术有效开展学生管理工作。

（五）工作人员大数据运用能力不足

高校在招聘工作人员时通常仅关注其学历、是否为党员、有无担任学生干部的经历等，忽视关注其专业背景，导致部分工作人员信息素养不足的弊端逐渐暴露出来。部分高校也并未组织工作人员参加大数据知识与技能培训活动，导致其缺乏依托大数据开展学生管理工作的意识与能力，无法满足大数据时代学生管理工作开展需求。

（六）反馈滞后

反馈可帮助工作人员高效、准确制订学生管理工作计划、完成工作目标，并及时根据学生实际情况优化学生管理工作。但当前大部分高校学生管理工作反馈并未收获理想效果。其主要原因在于工作人员与学生缺乏有效沟通，导致其无法及时、准确了解学生实际情况，学生无法将信息反馈给工作人员。

（七）大数据安全性难以保障

对于数字信息来说，缺乏相应的维护监管体系极易出现各类信息安全问题。但当前大部分高校因缺乏相应规章制度导致数据安全防范能力较弱，仅可通过防火墙、杀毒软件等维护相关数据系统，虽可发挥一定防范作用，但安全隐患较多，一旦发生数据泄露事件极易引发一系列不良后果，直接影响数据应用效率。⑤

---

⑤ 洪娜.大数据背景下高校学生管理中的问题与对策［J］.学周刊，2023，（30）：12-14.

第二章 高校学生管理的现状分析

在大数据时代背景下，高校学生管理正经历着前所未有的变革。随着信息技术的迅猛发展和数据量的爆炸式增长，数据化管理已成为高校提升管理效能、优化服务质量的重要手段。本章将深入分析大数据时代高校学生管理的现状，探讨数据化管理的普及程度、技术应用及政策支持，揭示学生管理数据化的主要趋势和驱动因素。同时还将详细阐述大数据在学生管理中的应用场景，包括学业管理、生活管理、心理健康管理及就业指导与服务等方面。然而，在推进数据化管理的过程中，高校也面临着诸多瓶颈和挑战，如数据采集与整合、数据分析与应用、数据安全与隐私保护以及管理模式与理念等方面的问题。本章将对这些瓶颈进行深入剖析，以期为高校在大数据时代下优化学生管理提供有益的参考和启示。

第一节 学生管理数据化的现状及趋势

大数据技术的蓬勃发展，促使高校学生管理正逐步迈向数据化、智能化的新阶段。本节将深入探讨当前高校学生管理数据化的现状，分析数据化管理的普及程度、技术应用以及政策支持情况，为后续探讨学生管理数据化的趋势与驱动因素奠定基础。通过本节内容的阐述，旨在揭示大数据技术在高校学生管理中的广泛应用及其带来的深刻变革。

一、学生管理数据化的现状

（一）数据化管理的普及程度

随着大数据技术的广泛应用，高校学生管理领域的数据化管理已不再是新鲜事物，而是逐渐成为常态。高校管理层深刻认识到数据化管理在提升管理效率、优化资源配置、促进学生全面发展等方面的重要作用。从简单的数据记录到复杂的数据分析，数据化管理已经全面渗透到学生管理的各个环节，成为高校管理不可或缺的一部分。这一转变不仅体现了高校对大数据技术的积极拥抱，也彰显了其在学生管理中的创新实践。为了满足数据化管理的需求，许多高校已经建立了完善的数据管理系统。这些系统不仅实现了学生信息的电子化、网络化存储和管理，还提供了丰富的数据分析工具和功能，为管理层提供了科学、精准的决策支持。同时，数据管理系统也逐渐从管理层向基层延伸，越来越多的教师和学生开始接触和使用这些系统，进行数据录入、查询和分析等操作。这种普及不仅提高了数据管理的效率，也增强了师生对数据化管理的认同感和参与度。

数据化管理的普及不仅体现在系统的建设和应用上，更体现在师生对数据化管理的接受和习惯上。随着数据化管理的深入推广，越来越多的教师和学生开始意识到数据化管理带来的便利和优势。他们开始主动使用数据化工具进行日常管理和学习，如通过在线平台查询成绩、提交作业、参与讨论等。这种接受和习惯的形成，不仅促进了数据化管理的深入发展，也为高校在大数据时代下的学生管理创新提供了有力支持。同时，高校管理层也通过培训、宣传等方式，积极推动师生对数据化管理的认识和应用，进一步提升了数据化管理的普及程度。

（二）数据化管理的技术应用

在应用大数据辅助管理时，相关教师应该确保现有数据的有效性。这就要求教师明确数据属性，并在此基础上，全面开展数据收集、存储工作。经实践发现，教师挖掘大数据技术优势，并借此优化数据收集、存储方式，能够使上述两方面工作完成质量得到保障。且能够为后续学生管理、数据分析等工作的顺利开展打下基础。

在学生管理工作开展期间，相关教师需要对学生成绩、校园卡使用情况等数据进行统计、分析。在这一过程中，教师借助大数据辅助工作，能够使数据处理效果愈加理想。大数据科学技术的应用价值也将充分体现。在应用大数据辅助工作时，相关教师应该注意大数据多样性特征、动态性特征、规模性特征。如果站在数据种类维度的角度展开分析，可以看出：数据种类、来源渠道与其交叉验证效果息息相关。当数据种类、来源增多时，其交叉验证效果将愈加理想。数据分析工作将顺利开展，且能够得出可靠数据。在分析大数据技术的动态性特征时，相关人员可以站在时间序列维度的角度展开分析。在时间维度的帮助下，相关人员可以得出各个要素在不同时间段的变化情况。数据分析效果将愈加科学化。最后，相关人员应该尝试站在大数据规模性特征角度展开分析。经研究发现，相关人员在数据量大时，应用大数据技术辅助工作，其数据分析结果愈加精准。为保证大数据科学技术在当前高校学生管理工作中的应用质量，使其应用价值能够充分体现，相关人员应该正视以上大数据特征。并在学生管理工作中，准备足够的、大量的数据，以保证后续技术应用工作的开展质量。

在大数据的帮助下，各校教师已然建立高校学生成绩、选课、基本信息等数据库。在学生管理工作中，教务处、学生处，以及相关教育工作者会引导学生自主填报相关信息，并借此构建各式数据库。这种信息收集方式十分有效，学生管理相关数据的收集质量将因此改善。数据收集、分析质量对高校学生管理工作的开展质量有一定影响。为保证不同渠道信息的有效性，使相关数据库能够被有效应用，教师应该根据数据类型，将学生数据分为结构化、非结构化等类型。上述成绩数据库、基本信息数据库等属于结构化数据。在学生管理工作中，相关教师需要借助上述数据，为学生提供个性化指导、服务。至于社团等方面数据，教师可以将其划分至非结构数据方面。经实践发现，教师借助大数据技术优势，建立不同的数据库，并借此开展学生管理相关工作，能够为学生创造优质的学习、生活环境。高校学生管理工作开展质量也将因此不断提升。

部分高校在学生管理工作中，还在使用老旧的服务器存储资料。这一行为，无法保障相关数据、资料的安全性，将给学生管理工作埋下隐患。尤其是停电等突发问题，将严重影响数据存储质量、学生管理工作开展质量。为克服停电给数据存储工作带来的不良影响，相关院校开始配置不间断电源。然而，这种电源仅能维持数个小时，难以支持学生管理工作顺利开展。再加上各高校办学规模不断扩大，相关数据日益增多，服务器已然无法满足学生管理工作需要。在新形势下，相关教师应该挖掘大数据共享性作用，积极尝试"云平台"等新型存储方式辅助工作。这种新型存储方式应用效果十分理想，且能够保障数据安全。现如今，各高校教师已然能够借此完成数据存储工作。教师在后续数据整理、处理等工作中，能够在"云平台"内轻松找出有效数据，学生管理工作也将因此有序开展。①

（三）数据化管理的政策支持

政策支持是学生管理数据化得以顺利推进的关键保障。近年来，政府和教育部门高度重视大数据技术在教育领域的应用，出台了一系列相关政策以鼓励高校进行学生管理创新。这些政策不仅为高校提供了资金、技术等方面的实质性支持，还明确了数据化管理的发展方向和重点任务。例如，政策鼓励高校建立数据共享平台，旨在打破数据孤岛，促进不同部门、不同高校之间的数据互联互通，实现数据资源的最大化利用。同时，政策还关注数据安全和隐私保护，要求高校在利用大数据技术进行学生管理时，必须严格遵守相关法律法规，确保学生信息的安全和合法使用。

随着一系列鼓励政策的出台和实施，学生管理数据化在高校中得到了广泛应用和发展。政策不仅为高校提供了明确的行动指南，还激发了高校在数据化管理方面的创新活力。高校积极响应政策号召，纷纷探索利用大数据技术进行学生管理的新模式和新方法。例如，通过数据分析技术，高校可以更加精准地掌握学生的学习状态和行为习惯，为个性化教学和管理提供科学依据。同时，数据化管理还促进了高校与学生、家长以及社会之间的有效沟通，提高了管理效率和服务质量。政策的推动是学生管理数据化得以广泛应用和深入发展的强大动力。通过政策的引导和支持，高校正逐步构建起以数据为驱动的学生管理体系，为提升教育质量和管理水平奠定了坚实基础。

---

① 韩浩天.大数据在高校学生管理中的应用分析[J].创新创业理论研究与实践,2021,4(23):151-153.

二、学生管理数据化的主要趋势

大数据技术改变了现阶段我国学生管理"人管、电控"的管理模式，信息搜集涉及学生群体和个体的方方面面，信息整合更系统、全面；数据挖掘从海量数据中发现隐藏的、有价值的信息，让学生管理决策更加科学、准确；新技术发展与传感设备普及便于学生行为数据的自动化采集和可视化处理，使得学生管理趋于智能化；基于数据分析学生需求，因材施教、因需给予，满足学生管理的个性化发展。因此，随着大数据与学生管理的深度融入，未来的学生管理工作应更趋于精细化、精准化、智能化和个性化。

（一）学生管理工作的精细化

大数据时代，海量复杂的无规则数据可经过数据统计分析转变成有意义、有价值的信息，而这些信息可以为现代学生管理和学生全面发展提供帮助。因此，未来的学生管理工作应该由传统凭借经验的粗放式管理向基于数据挖掘和分析的精细化管理转变。大数据视域下学生管理的精细化侧重于学生细节信息的掌握，涉及学生个体和群体各个方面的数据搜集、整合和分析，包括学生学习情况、思想动态、心理健康、消费情况以及个性化需求等各个方面。高校学生管理人员通过掌握每个学生的各种细节信息，对学生各方面做到心中有数，当学生在某些方面出现异常苗头，可以做到及时发出预警，有效地对异常方面进行干预，加以引导，破除传统学生管理工作的盲目性和表象性。此外，学生管理工作的精细化还体现在"以生为本"的管理服务模式上，从学生角度来看，大数据帮助学生全面分析自身的各种细节，针对成长成才过程进行查漏补缺，培养自主管理能力；从高校角度来看，大数据帮助学校管理部门主动了解学生诉求和需要，积极为学生的学习、生活、心理和就业等各方面提供服务，促进其健全人格的塑造和自身的全面发展，更好地适应现代社会发展的客观需求。

（二）学生管理工作的精准化

数据可视化和数据挖掘技术可以"让数据说话"，使得相关决策、评价和判断有多元数据支撑，让学生管理工作更具客观性、科学性和准确性。因此，未来的学生管理工作应该由依靠主观经验管理向客观精准管理转变。大数据视域下学生管理工作的精准性主要体现在科学、精准的决策和客观、全面的评价。随着学生管理数据采集越来越规范和全面以及数据分析愈发深入，数据反映问题的逻辑关系和因果关系也愈发明显，通过数据统计、指标核对、横向比较、趋势分析等方法可将学生行为数据转换成可用信息，为各级学生管理人员的科学决策提供数据支持。目前，大数据在高校贫困生的精准认定中应用最多，如通过学生电话费、一卡通系统的食堂消费情况以及建立标准化的定量评价模型来精准识贫，将来大数据的精准化应推广到学生管理工作的方方面面，让所有决策和判断都有数据可依。此外，客观、全面的评价得益于学生在校学习和生活的全过程数据，该数据客观记录了学生在校期间所有行为情况和成长数据，可根据学生行为的综合表现，给予学生公正、准确、全面的评价，如成长档案袋是实现精准评价的有效方式，利用云计算技术将学生成长数据永久保存在云端形成个人成长档案袋，便于学生管理人员实时评价和有针对性地给予发展建议。

（三）学生管理工作的智能化

云计算、物联网、移动互联等技术的发展和高校信息化建设的不断推进，使得校园智能化程度越来越高，大数据技术的融入帮助学生管理人员及时掌握学生行为数据，预判行为轨迹，也方便对学生异常行为预警。因此，未来学生管理工作应该由后置性应急管理向前置性预警和预判转变。大数据视域下学生管理工作的智能化主要表现在学生行为数据的自动采集、自动分析，并能够根据分析结果进行自动预判和自动预警。要求在智慧校园建设中设置全方位的传感器和其他数据采集设备，自动感知学生学习和生活的全方面行为数据，在全校范围内构建统一的学生管理大数据信息系统，设计信息系统的数据采集框架、功能模块和关键算法，自动存储校园硬件环境和学生动态生成的大规模行为数据，并对采集数据进行汇总、挖掘和分析，最终通过可视化处理后，实时呈现出学生行为的动态变化，便于对该生的后续行为进行预判。此外，在大数据信息系统中要强化预警管理模块的构建，能够在分析学生行为数据的同时，对其异常行为及时予以智能预警。智能化让学生管理工作中的信息反馈变得实时，让问题处理更加有针对性和预见性。

（四）学生管理工作的个性化

大数据技术让学生管理人员实时了解每个学生的真实情况，结合学生不同的认知特点、思维方式以及对事物的认知水平，给予不同的教育资源、教育路径、教育活动与服务等，进而实施差异化和个性教育管理。因此，未来学生管理工作应该由统一化管理向个性化管理服务转变。大数据视域下学生管理工作的个性化更多地体现在学生差异化管理和满足个性化需求上。未来学生管理平台的智能化越来越高，集成了数据挖掘和数据可视化等分析技术，能够持续采集学生基础信息和行为数据，包括成长经历、兴趣爱好、心理特征以及校园活动产生的各种信息。学生管理人员可以据此得到每个学生的兴趣点和需求情况，个性化推送教育资源和组织教育活动，实施差异化管理。在给予个性化指导和帮助的同时，让学生管理工作变得更细致化和人性化。事实上，市面上主流的学习软件（平台）提倡的个性化学习、管理和服务都离不开学生大量行为数据的采集和深度分析，唯有"适合的教育"才是最好的教育，只有满足个性化需要才能实现"适合"，而大数据技术定会成为实现适合教育的关键技术和有效路径。[②]

三、学生管理数据化的驱动因素

（一）技术进步的推动

技术进步的推动是学生管理数据化得以快速发展的基石。随着信息技术的不断革新，数据采集、存储和分析技术取得了显著进步。这些技术的成熟为数据化管理提供了强大的技术支持。例如，云计算技术的普及，使得高校能够利用云端资源高效处理海量数据，无须担心本地存储和计算能力的限制。大数据技术的广泛应用，则让高校能够从庞杂的数据中提取出有价值的信息，为管理决策提供科学依据。人工智能技术的兴起，更是进一步提升了数据化管理的智能化水平，使

---

② 张怀南.国内高校学生管理的大数据应用现状和发展趋势[J].中国医学教育技术，2019，33(06)：664–669+674.

管理过程更加精准、高效。

技术进步不仅为数据化管理提供了技术支持，还推动了管理模式的不断创新和升级。随着技术的不断发展，高校开始探索更加科学、高效的学生管理方式。例如，利用智能门禁系统、一卡通系统等技术手段，实现对学生行为的实时监控和数据记录，为个性化管理提供数据支撑。同时，通过数据分析技术，高校能够深入挖掘学生数据背后的规律和趋势，为管理决策提供有力支持。这种基于数据的管理模式，不仅提高了管理的精准性和有效性，还增强了管理的灵活性和适应性。随着技术的不断创新，高校将能够持续优化学生管理流程，提升管理服务水平，满足学生日益多样化的需求。

（二）管理需求的升级

随着高校规模的持续扩大，学生群体日益庞大，学生需求也呈现出多样化的趋势。这种变化对传统的管理方式提出了严峻挑战。传统的管理方式通常侧重于整体性的管理和控制，难以针对每个学生的个性化需求进行精准管理。因此，高校需要寻求更加高效、灵活的管理手段，以满足学生多样化的需求。大数据技术的出现，为高校提供了解决这一问题的可能。通过大数据技术的应用，高校可以更加深入地了解学生的需求和偏好，从而提供更加个性化的服务和管理。

在学业管理方面，管理需求的升级尤为明显。随着教育理念的更新和教学方法的改革，高校越来越注重学生的个性化发展和全面发展。传统的学业管理方式通常以考试成绩为唯一评价标准，忽视了学生个体差异和学习过程的重要性。而大数据技术则可以通过对学生学习行为数据的深入分析，为每个学生提供个性化的学习计划和资源推荐。例如，通过分析学生的在线学习时长、作业完成情况、测试成绩等数据，高校可以了解学生的学习习惯和能力水平，从而为其量身定制学习方案，提高学习效果。

除了学业管理，生活管理和心理健康管理也是高校管理中的重要组成部分。在生活管理方面，高校需要利用智能门禁系统、一卡通系统等技术手段，实现对学生生活的全面监控和管理。这些技术手段不仅可以提高管理效率，还能为学生提供更加便捷、安全的生活环境。在心理健康管理方面，大数据技术的应用同样具有重要意义。通过对学生心理状态数据的实时监测和分析，高校可以及时发现学生的心理问题，并提供相应的干预措施。例如，通过分析学生在社交媒体上的发言内容、情绪表达等数据，高校可以评估学生的心理健康状况，为其提供个性化的心理咨询和辅导服务。

（三）教育政策的引导

教育政策的引导在推动学生管理数据化发展中扮演着至关重要的角色。政府和教育部门通过出台一系列相关政策，为高校利用大数据技术进行学生管理创新指明了明确的方向。这些政策不仅明确了数据化管理的重要性，还提出了具体的发展目标和实施路径。例如，政策鼓励高校建立数据共享平台，旨在打破数据孤岛，促进数据资源的互联互通，实现数据的高效利用。这些政策的出台，为高校在数据化管理方面的探索和实践提供了有力的政策支持和指导。

为了推动学生管理数据化的快速发展，政府和教育部门还提供了资金和技术方面的双重支持。在资金方面，通过设立专项基金、提供科研资助等方式，为高校在数据化管理方面的研究和应用提供了必要的经济保障。在技术方面，鼓励高校与科技企业、研究机构等合作，共同研发适用于学生管理的大数据技术和工具，提升数据化管理的水平和效率。这种资金与技术的双重支持，为学生管理数据化的广泛应用和发展提供了坚实的保障。

在推动学生管理数据化发展的同时，政府和教育部门也高度重视数据安全和隐私保护问题。他们出台了一系列相关政策，强调高校在利用大数据技术进行学生管理时，必须严格遵守相关法律法规，确保学生信息的安全和合法使用。例如，政策要求高校建立完善的数据安全管理制度，加强对学生信息的保护和管理；同时，鼓励高校采用加密技术、访问控制等手段，提高数据的安全性和保密性。这些政策的出台和实施，为学生管理数据化提供了有力的政策保障，确保了学生在数据化管理过程中的合法权益不受侵害。通过这些政策的引导和支持，高校能够更加安心、放心地推进学生管理数据化的发展，为学生的全面发展和高校的管理创新提供有力支撑。

第二节　数据在学生管理中的应用场景

在大数据时代，大数据技术在高校学生管理中的应用日益广泛且深入。本节将深入探讨大数据在学生管理中的应用场景，包括学业管理、生活管理、心理健康管理及就业指导与服务等方面。通过详细分析大数据在这些领域的应用，旨在揭示大数据技术如何助力高校提升管理效能、优化服务质量，为学生的全面发展提供更加精准、个性化的支持。随着大数据技术的不断发展，其在高校学生管理中的应用前景将更加广阔，为高校管理创新带来无限可能。

一、学业管理中的应用

（一）学业成绩的监测与分析

在大数据时代，高校借助大数据技术，能够整合教务管理系统、在线学习平台等多源数据，实现对学生学业成绩的全面、实时监测。这种多源数据的整合，不仅涵盖了传统的考试成绩，还包括了在线学习时长、作业完成情况、课程参与度等多维度信息，为高校提供了更加立体、全面的学生学业成绩画像。通过这些数据，高校管理层和教师能够实时掌握学生的学习动态，及时发现学习上的波动和异常，为后续的教学干预和管理决策提供有力支持。

利用数据分析工具，高校可以对学生成绩进行深度挖掘，揭示出不同课程、不同年级学生的学习成绩分布规律。这些规律不仅反映了学生的学习水平和能力差异，还为教学改进提供了科学依据。例如，通过分析某门课程的成绩分布，教师可以发现哪些知识点是学生普遍掌握较好的，哪些则是难点和易错点，从而调整教学策略，加强针对性教学。同时，通过对比学生历史成绩与当前成绩，教师可以更准确地把握学生的学习状态变化，为不同层次的学生提供个性化的教学辅导建议，帮助他们提高学业成绩，实现全面发展。这种基于数据的教学改进策略，不仅提高了教学的针对性和有效性，也促进了教育质量的持续提升。

（二）学习行为的追踪与评估

高校通过收集学生在线学习时长、学习频率、互动参与情况等多维度数据，能够全面了解学生的学习行为。这些数据不仅反映了学生的学习习惯，如学习时间的分配、学习方式的偏好等，还揭示了学生的学习投入程度和学习积极性。例如，通过在线学习平台的日志记录，可以精准追踪学生每次登录学习的时间、学习的课程内容以及参与的讨论活动，为后续的评估提供丰富的数据基础。

基于收集到的学习行为数据，高校可以运用数据分析技术进行深入挖掘，揭示出学生的学习习惯和兴趣偏好。通过对在线学习时长和频率的分析，可以判断学生的学习自律性和持续性；通过对互动参与情况的分析，可以了解学生在课堂上的活跃度和合作意愿。同时，结合学生的课程选择和学习进度，可以进一步推断出学生的兴趣所在和潜在的学习需求。这些分析结果为教师提供了宝贵的教学参考，有助于他们更好地了解学生的学习特点，制定更加贴合学生需求的教学计划。除了了解学生的学习习惯和兴趣偏好，大数据技术还能帮助高校精准识别学生的学习瓶颈和困难点。通过对学习行为数据的细致分析，教师可以发现学生在哪些知识点上掌握不够牢固，哪些学习环节存在障碍。例如，通过分析学生的作业提交情况和测试成绩，可以识别出学生在哪些题型或知识点上频繁出错。基于这些识别结果，教师可以为学生提供个性化的教学干预策略，如针对性辅导、额外练习或资源推荐等。这种基于数据的学习瓶颈与困难点识别与干预，不仅提高了教学的针对性和有效性，还促进了学生的个性化发展，提升了整体学习效果。

（三）个性化学习路径的设计

在大数据技术的支持下，高校能够收集并分析学生的学习成绩、学习行为以及兴趣爱好等多维度数据，从而精准地把握学生的学习需求和特点。这些数据不仅反映了学生的学习能力和水平，还揭示了他们的学习偏好和潜在需求。例如，通过分析学生在不同课程上的成绩表现，可以了解他们的学科优势和短板；通过分析学习行为数据，如在线学习时长、互动参与情况等，可以评估他们的学习积极性和参与度；通过兴趣爱好数据的收集，可以了解他们的个人喜好和潜在兴趣领域。基于对学生学习需求和特点的精准分析，高校可以为学生提供定制化的学习资源。这些资源不仅涵盖了传统的教学材料，如教材、课件、习题等，还包括了拓展性学习资源和在线课程等。例如，对于学习能力较强的学生，可以提供更具挑战性的学习内容和拓展性学习资源，如高级课程、科研项目参与机会等，以激发他们的学习潜能和创新能力；对于学习有困难的学生，则可以提供针对性的辅导和支持资源，如一对一辅导、学习辅导软件等，帮助他们克服学习障碍，提高学习效果。

除了定制化的学习资源，高校还可以根据学生的学习需求和特点，为他们设计灵活的学习进度和方法。例如，对于学习能力较强的学生，可以鼓励他们自主学习，提前完成课程学习，并参与更高级别的学习活动；对于学习进度较慢的学生，则可以提供额外的学习时间和辅导支持，帮助他们逐步跟上课程进度。同时，高校还可以根据学生的学习风格和偏好，为他们提供个性化的学习方法指导。例如，对于喜欢视觉学习的学生，可以提供更多的图表、视频等多媒体学习材料；对于喜欢动手实践的学生，则可以提供更多的实验、项目等实践机会。

二、生活管理中的应用

（一）宿舍管理的智能化

大数据技术在宿舍管理中的应用，首先体现在智能门禁系统的引入上。这一系统通过精准的身份识别技术，如刷卡、指纹识别或人脸识别，实现对进出宿舍人员的实时记录和监控。这不仅极大地提高了宿舍管理的安全性和效率，还为高校提供了宝贵的学生行为数据。例如，智能门禁系统能够记录学生的出入时间、频率等信息，帮助管理人员及时发现并处理学生的异常行为，如晚归、夜不归宿等，从而有效维护宿舍的秩序和安全。

一卡通系统是高校智慧校园建设的重要组成部分，也在宿舍管理中发挥着不可或缺的作用。通过整合学生的消费、图书借阅、门禁等多种功能于一体，一卡通系统为高校提供了全面的学生生活数据。在宿舍管理中，一卡通系统能够收集学生的消费数据，如食堂就餐、超市购物等，从而反映学生的生活习惯和消费水平。这些数据不仅有助于高校了解学生的生活状况，还为宿舍资源的优化配置提供了数据支持。例如，通过分析学生的消费数据，高校可以合理安排宿舍的设施配置，如增加或调整餐饮、购物等生活设施，以满足学生的实际需求。

大数据技术还为宿舍资源的优化配置提供了有力支持。通过对学生住宿需求和偏好的数据分析，高校可以更加科学地安排宿舍分配和设施配置。例如，根据学生的专业背景、年级层次等因素，高校可以合理划分宿舍区域，实现不同学生群体的有效隔离和融合。同时，通过对宿舍设施使用情况的监测和分析，高校可以及时发现并解决设施老化、损坏等问题，确保宿舍设施的正常运行和学生生活的便利。大数据技术还可以帮助高校预测未来的宿舍需求变化，为宿舍的扩建和改造提供决策依据，确保宿舍资源的充足和有效利用。

（二）校园安全的实时监控

校园安全是高校管理不可或缺的一环，而大数据技术的融入为其实时监控提供了强有力的支持。通过安装监控摄像头、传感器等先进设备，高校能够实现对校园内人员流动、车辆进出、火灾隐患等安全数据的全面采集。这些设备不仅覆盖了校园的各个角落，还具备高精度、高灵敏度的监测能力，能够实时捕捉校园内的安全动态。这些实时采集的数据为校园安全管理提供了丰富、准确的信息源，为后续的分析和预警奠定了坚实基础。在数据采集的基础上，大数据技术通过先进的数据分析技术，对海量安全数据进行实时处理和分析，从而及时发现潜在的安全隐患和异常情况。例如，视频分析技术能够自动识别校园内的异常行为，如打架斗殴、盗窃等，并在第一时间发出警报，为校园安全管理人员提供即时响应的依据。此外，通过对历史数据的挖掘和分析，大数据技术还能揭示出校园安全事件的规律和趋势，为校园安全预警和防范提供科学依据。

大数据技术不仅助力校园安全的实时监控和隐患识别，还为应急响应机制的智能化升级提供了可能。通过整合校园安全数据、分析预警信息，高校可以构建智能化的应急响应系统。该系统能够自动触发应急预案，协调各方资源，快速响应安全事件。例如，在火灾等紧急情况下，系统可以自动通知消防部门、校园安保人员以及受影响的师生，同时启动自动灭火、疏散指示等应急措施，最大限度地减少损失。大数据技术还能对应急响应过程进行记录和分析，为后续的改进和优化提供反馈，不断提升校园安全管理的水平和效率。

（三）学生活动的数据化支持

在大数据时代，大数据技术在学生活动中扮演着愈发重要的角色。通过全面收集学生活动的相关数据，如活动参与人数、活动效果评估指标、学生反馈意见等，高校能够深入洞察学生活动的实际情况和需求。这些数据不仅反映了活动的热度和参与度，还揭示了学生对活动的满意度和改进建议。例如，通过统计活动参与人数，可以了解活动的吸引力和影响力；通过收集学生反馈意见，可以掌握学生对活动内容和形式的喜好与期待。基于收集到的活动数据，高校可以运用数据分析技术进行深入挖掘和分析，从而优化活动安排，实现活动的个性化设计。通过分析学生参与活动的兴趣和偏好，高校可以更加精准地把握学生的需求，设计更符合学生口味的活动内容和形式。例如，如果数据显示学生对科技创新类活动表现出浓厚兴趣，高校就可以增加这类活动的举办频率和规模，同时创新活动形式，如举办科技讲座、创新大赛等，以吸引更多学生参与。

大数据技术还可以用于学生活动的推广和宣传，实现活动的精准营销。通过分析学生的行为数据和兴趣偏好，高校可以精准推送活动信息，吸引更多学生关注和参与。例如，利用校园内的在线平台或社交媒体渠道，高校可以根据学生的浏览历史、兴趣标签等信息，向目标学生群体推送个性化的活动推荐。这种基于数据的活动推广方式不仅提高了活动的曝光度和参与度，还增强了活动的针对性和实效性。同时，通过收集和分析活动推广数据，高校还可以评估推广效果，优化推广策略，实现活动的持续优化和迭代。

三、心理健康管理中的应用

（一）心理健康数据的采集与分析

通过心理测评、在线问卷、社交媒体分析以及可穿戴设备等多元化手段，高校能够全面、系统地收集学生的心理健康数据。这些数据不仅涵盖了学生的情绪状态、压力水平、社交互动等基本信息，还可能包括生理指标如心率、睡眠质量等，为心理健康评估提供了更为丰富和全面的维度。利用先进的数据分析技术，如机器学习、自然语言处理等，高校可以对这些海量数据进行深入挖掘和分析，揭示出学生的心理特点和潜在问题。例如，通过分析学生在社交媒体上的发言内容、情绪表达频率和强度，可以评估其心理健康状况，识别出可能存在抑郁、焦虑等情绪问题的学生。同时，通过对比不同学生、不同时间段的心理健康数据，可以发现心理健康问题的变化趋势和规律，为高校制定科学的心理健康干预策略提供有力支持。

（二）心理问题的早期预警

大数据技术在学生心理问题的早期预警中发挥着至关重要的作用。通过实时监测和分析心理健康数据，高校能够及时发现学生心理问题的苗头，从而采取及时有效的干预措施。例如，当系统监测到学生的情绪表达出现异常波动，如频繁发布消极言论、情绪低落等信号时，可以立即触发预警机制，通知相关人员与学生进行沟通，了解其心理状态，并提供必要的心理支持。此外，大数据技术还可以结合学生的历史数据和行为模式，预测其未来可能出现的心理问题，为高校提供前瞻性的干预建议。这种早期预警机制不仅有助于高校及时发现和处理学生的心理问题，还能有效防止心理问题进一步恶化，保障学生的心理健康和校园的安全稳定。

（三）心理干预的精准化实施

基于大数据技术的心理健康管理，使得心理干预的实施更加精准和有效。通过对学生心理健康数据的深入分析，高校能够准确了解学生的具体心理问题和需求，从而制定个性化的心理干预方案。例如，对于存在焦虑情绪的学生，高校可以提供认知行为疗法、放松训练等心理咨询服务，帮助他们调整思维模式，缓解焦虑情绪；对于存在抑郁情绪的学生，则可以提供情绪管理训练、社交技能训练等干预措施，增强他们的情绪调节能力和社交能力。此外，大数据技术还可以根据学生的实时反馈和干预效果，动态调整干预方案，确保干预措施的有效性和针对性。这种精准化的心理干预方案不仅提高了干预效果，还促进了学生的心理健康发展，为他们的全面成长提供了有力保障。

（四）建立心理健康服务的机构

建立心理健康服务机构将更好地满足学生的个性化需求，通过大数据技术提供更加精准、科学、可持续的心理健康服务，有利于促进学生的全面发展和心理健康水平的提升。分析如下：首先，组建由心理学家、心理医生、社会工作者、心理健康教育专家等专业人士组成的团队，可以提供多层次、多领域的心理健康服务，满足不同层次和类型的需求。其次，利用大数据技术，为每位学生制定个性化心理健康服务规划，从而给学生提供针对性的心理健康教育。例如，利用大数据支持建立远程心理咨询平台，为学生提供灵活、便捷的心理健康服务；通过视频、在线聊天等方式，帮助学生解决心理问题，实现更广泛的服务覆盖。再次，建立心理健康服务机构的数据监测与分析系统，利用大数据技术对学生心理健康数据进行实时监测和分析，及时发现心理问题的趋势，为干预提供科学依据。同时，利用大数据分析学生的学习偏好和需求，为学生提供个性化的在线心理教育资源，如心理健康课程、自助工具、心理测试等，帮助学生更主动地关注和维护自己的心理健康。最后，利用大数据技术精准锁定目标群体，通过多渠道地宣传和推广，提高学生对心理健康服务机构的知晓度和信任度。例如，利用学校内部宣传平台，如校园电视、海报、校园广播等，制定更吸引眼球的宣传内容，提高学生对心理健康服务机构的关注度。此外，高校应该与校内其他相关机构建立紧密的协作机制，如医疗服务中心、学业辅导中心等，通过数据共享和协同工作，实现全方位、全周期的学生关怀，提供更综合的心理健康服务。

（五）完善心理健康教育的机制

在大数据背景下构建高校学生心理健康教育体系的过程中，完善心理健康教育的机制是关键措施，可以更好地协调、管理和评估心理健康教育的实施效果。措施如下：一要建立明确的政策和标准，规范心理健康教育的内容、方法、评估标准等内容，确保心理健康教育的一致性、科学性和可持续性。二要设计评估与反馈机制，对心理健康教育的实施进行定期评估，了解学生的心理健康水平和教育需求，及时调整和优化教育内容。三要建立学生参与机制，鼓励学生参与心理健康教育的规划、实施和评估，更好地理解学生的需求，提高教育的针对性和适应性。四要促进心理健康教育与正规课程的整合，使心理健康教育融入学科课程，通过大数据分析学生学科成绩和心理健康状况的关系，提高教育的实效性。五要建立校医院与心理健康教育机构的紧密联系，实现医疗资源和心理健康服务的有效联动，在优化资源分配基础上提高心理健康教育服务的覆盖面。六要制定可持续发展计划，通过大数据技术分析教育投入和产出的关系，确保心理健康教育体系的长期稳定运行。这样可以建立起完善的心理健康教育机制，推动心理健康教育体系的有序构建，更好地支持学生的心理健康成长。③

四、就业指导与服务中的应用

（一）就业市场数据的分析与预测

通过广泛收集就业市场的相关数据，如岗位需求、薪资水平、行业趋势、企业招聘动态等，高校能够构建起一个全面、动态的就业市场数据库。这些数据不仅反映了当前就业市场的实际情况，还蕴含着未来的发展趋势和潜力。利用先进的数据分析技术，如数据挖掘、机器学习等，高校可以对这些海量数据进行深入挖掘和分析，揭示出就业市场的内在规律和潜在趋势。例如，通过时间序列分析，高校可以预测未来一段时间内不同行业的招聘需求变化趋势，为学生提供前瞻性的就业指导；通过空间分析，可以对比不同地区、不同城市的薪资水平和就业机会，帮助学生做出更明智的就业选择。此外，高校还可以结合宏观经济数据、政策导向等因素，对就业市场进行综合分析，为学生提供更加全面、准确的就业指导依据。

（二）学生就业能力的数据化评估

大数据技术在学生就业能力的数据化评估中发挥着重要作用。通过全面收集学生的学业成绩、实习经历、技能证书、社会实践等多维度数据，高校可以构建

---

③ 于元彬.大数据背景下高校学生心理健康教育体系构建措施探析［J］.科教导刊，2024，(05)：140–143.

起一个完整的学生就业能力数据体系。这些数据不仅反映了学生的专业技能和知识水平，还体现了学生的综合素质和实践能力。利用数据分析技术，高校可以对这些数据进行深入挖掘和分析，评估学生的就业潜力和优势。例如，通过对比学生的专业课程成绩和实习经历，可以了解其专业技能的掌握程度和实践经验；通过分析学生的技能证书和社会实践经历，可以评估其综合素质和拓展能力。此外，高校还可以结合学生的兴趣爱好、职业规划等因素，对就业能力进行综合评价。这种基于大数据的学生就业能力评估，不仅为高校提供了精准、全面的就业能力评估依据，还为学生提供了个性化的就业指导和服务。通过数据化评估，学生可以更加清晰地了解自己的就业优势和不足，制定更加合理的职业规划和发展路径。

（三）就业资源的精准匹配

基于大数据技术的就业指导与服务，实现了就业资源的精准匹配。通过对学生就业能力和就业市场数据的深入分析，高校可以为学生提供更加精准、个性化的就业推荐和匹配服务。这种精准匹配不仅提高了就业效率和质量，还促进了学生与企业的有效对接。例如，高校可以根据学生的专业背景、就业意向和就业能力，为其推荐合适的岗位和招聘企业。通过与企业建立紧密的合作关系，高校可以获取更多的招聘信息和岗位资源，为学生提供更加丰富的就业选择。同时，高校还可以根据学生的就业能力和竞争力，为其提供个性化的求职指导和培训服务。例如，针对面试技巧、简历撰写等方面进行培训，提高学生的求职成功率。此外，高校还可以利用大数据技术，对就业资源的使用情况进行实时监测和分析，及时调整和优化匹配策略，确保就业资源的有效利用和合理分配。这种基于大数据的就业资源精准匹配服务，不仅提高了学生的就业满意度和成功率，还促进了高校与企业的深度合作和共赢发展。

第三节　当前高校学生管理的主要瓶颈

随着社会发展和高等教育普及，高校学生管理面临诸多挑战。近年来，尽管各高校在学生管理方面不断探索与创新，但仍存在诸多瓶颈问题亟待解决。本节从数据采集与整合、数据分析与应用、数据安全与隐私保护、管理模式与理念等方面深入探索瓶颈问题，剖析其根源，以期为构建更加科学、高效的学生管理体系提供理论依据与实践参考。

一、数据采集与整合的瓶颈

数据是信息时代的重要资源，对于提升学生管理的精准性、高效性具有至关重要的作用。为进一步提升高校学生管理水平，从数据来源的分散性、数据质量的参差不齐以及数据整合的技术难度三个方面，对当前高校学生管理中数据采集与整合的瓶颈进行深入探讨。

（一）数据来源的分散性

在高校学生管理的过程中，数据通常来源于多个不同的渠道和系统，如教务系统、学生管理系统、图书馆系统、一卡通系统等。这些系统各自为政，数据标准和格式各不相同，导致数据在采集和整合过程中面临巨大挑战。不同系统之间的数据通常存在重叠和冗余，也存在部分数据缺失或不一致的情况。例如，学生的基本信息可能在教务系统和学生管理系统中都有记录，但两个系统中的数据可能存在细微差异，如姓名、学号、专业等信息的表述不一致。这种数据的不一致性不仅增加了数据整合的难度，也降低了数据的准确性和可靠性。数据来源的分散性还导致了数据更新和维护的困难。由于不同系统之间的数据缺乏统一的管理和更新机制，数据通常无法实时同步，导致数据滞后或失真。这不仅影响了学生管理的及时性和有效性，也给教育工作者带来了额外的负担。

（二）数据质量的参差不齐

在高校学生管理数据的采集与整合过程中，不同系统之间的数据标准和格式差异是一个不可忽视的问题。这些差异不仅增加了数据整合的复杂度，还直接影响了数据的准确性和一致性。部分系统在设计之初可能未充分考虑数据校验和验证机制的重要性，导致在数据采集过程中存在错误或遗漏。例如，某些教务管理系统可能未能对输入的学生成绩数据进行有效的范围校验，使得成绩数据出现非合理值（如负分、超出满分范围等）。此外，技术实现的局限性也是导致数据质量问题的原因之一。一些老旧系统可能由于技术更新不及时，无法适应大数据环境下的数据处理需求，从而在数据采集、存储和传输过程中出现错误。

除了系统设计与技术局限外，数据管理与更新机制的缺失也是导致数据质量参差不齐的重要因素。不同系统之间的数据往往缺乏统一的管理和更新机制，导致数据存在缺失或滞后的情况。例如，学生基本信息在教务系统和一卡通系统中可能存在不一致，因为两个系统之间的数据更新并不同步。这种数据不一致不仅影响了数据的准确性，还降低了数据的实用价值。此外，数据的时效性也是衡量数据质量的重要指标。由于部分系统未能及时更新数据，管理人员在使用数据时可能获得的是过时的信息，从而无法做出准确的决策。例如，学生宿舍的入住情况可能因系统更新不及时而未能准确反映当前状态，给宿舍管理带来困扰。

（三）数据整合的技术难度

在大数据时代的高校学生管理中，数据整合是一项至关重要的任务，然而，这一任务却面临着技术与资源方面的多重挑战。不同系统之间的数据标准和格式差异显著，使得数据整合过程变得异常复杂。要实现这一整合，通常需要借助高度专业化的技术手段，如数据清洗、转换、映射等。然而，这些技术手段对于大多数教育工作者来说，超出了他们的技术能力范围。高校中专业的技术人员数量有限，难以满足大规模数据整合的实际需求。即使有部分技术人员具备相关技能，他们也常常需要同时处理多个项目，导致无法专注于单一的数据整合任务，进而影响整合的效率和质量。此外，数据整合所需的软件工具和设备往往价格昂贵，且需要持续更新和维护。这对于高校来说，无疑是一笔不小的经济负担。一些高校可能由于预算限制，无法购买先进的整合工具和设备，只能依赖于旧有的、功能有限的技术手段，这进一步加剧了数据整合的难度。

数据整合不仅面临技术与资源方面的挑战，还必须在确保数据安全与隐私保护的前提下进行。高校学生管理数据涉及大量个人隐私和敏感信息，如姓名、学号、成绩、家庭住址等。这些数据一旦泄露，将对学生的个人隐私造成严重侵害，甚至可能引发社会信任危机。因此，在数据整合过程中，必须采取严格的安全措施和隐私保护机制。然而，在实际操作中，这些安全措施和隐私保护机制往往难以得到有效落实。一方面，技术层面的安全防护需要不断更新和升级，以应对日益复杂的网络攻击和数据泄漏风险。但高校的技术能力和资源有限，难以持续投入大量资金和人力进行安全防护的更新和维护。另一方面，隐私保护政策的制定和执行也面临诸多挑战。如何在保证数据整合效率的同时，确保学生隐私不被侵犯，是一个需要深思熟虑的问题。高校需要在法律法规的框架内，制定科学合理的隐私保护政策，并在实际操作中严格执行，但这无疑增加了数据整合的复杂性和难度。

二、数据分析与应用的瓶颈

在大数据技术的浪潮下，数据分析已成为驱动高校学生管理创新与优化的关键引擎。随着数据资源日益充沛，分析技术持续精进，高校学生管理在数据分析与应用领域仍面临一系列深刻挑战。

（一）分析模型的局限性

分析模型是连接数据与决策的核心桥梁，其效能直接关系到数据分析结果的精确性和实用性。但是在高校学生管理的实践中，分析模型的应用却显得尤为局限。这主要体现在以下几个方面：一是模型构建的基础一般与复杂多变的学生管理实际存在偏差。高校学生管理涉及众多因素，包括学生个性、学业表现、心理健康、社交关系等，这些因素相互作用，形成了一个复杂多变的系统。而现有的分析模型一般基于简化的假设构建，难以全面准确地反映这一系统的真实情况，从而导致预测结果偏离真实情况，影响了决策的准确性和有效性。模型的选择与优化缺乏统一标准。在高校学生管理中，不同领域、不同部门间的数据分析需求差异显著，这导致模型的选择与优化也呈现出多样化的特点。而由于缺乏统一的标准和指导，各部门在选择模型时一般缺乏科学依据，优化过程也显得盲目和随意。这不仅降低了数据分析的效率和准确性，也难以形成有效的对比和评估体系，不利于管理决策的科学性和规范性。更深层次的问题是，部分先进模型如深度学习等，虽然预测精度高，但解释性不足。这些模型一般基于复杂的算法和大量的数据训练而成，能够准确预测学生的某些行为或表现。而且由于算法本身的复杂性和不透明性，这些模型难以向决策者直观展示分析结果背后的逻辑与机制。这限制了数据分析在高校学生管理中的深度应用与理解，也增加了决策者的认知负担和决策风险。

（二）数据应用场景适配性不足

数据应用场景的适配性是指数据分析结果能否精准对接实际管理需求的能力。在高校学生管理中，这一适配性存在明显短板。第一，数据应用场景的构建缺乏前瞻性和灵活性。随着教育改革的深入和高校管理的不断创新，学生管理的需求也在不断变化。而现有的数据应用场景一般基于过去的管理经验和数据特征构建，缺乏对未来趋势的预测和适应能力。这导致分析结果与实际应用脱节，难以满足管理需求的变化和升级。第二，数据应用场景的整合与协同面临挑战。在高校学生管理中，各部门之间一般存在壁垒和数据孤岛现象。这导致信息共享和决策协同受到阻碍，数据分析结果难以在跨部门、跨领域管理中得到广泛应用和深度融合。这不仅降低了数据分析的效率和价值，也影响了高校管理的整体效能和协同性。

（三）数据分析人才短缺

数据分析人才是推动高校学生管理数据分析与应用的关键要素。而当前数据分析人才供应不足以成为制约该领域发展的主要因素。一是数据分析人才的培养体系尚不健全。目前，高校在数据分析人才的培养上还存在课程设置不合理、实践平台缺乏系统性等问题。这导致学生数据分析能力和实践经验不足，难以满足高校管理的实际需求。现有的人才培养体系受数据分析技术的快速发展和更新迭代也难以跟上这一步伐，导致人才供需失衡的现象日益加剧。二是数据分析人才的引进与激励机制不完善。在薪资待遇、职业发展路径等方面，高校一般难以提供具有竞争力的条件和机会。这导致高水平数据分析人才难以被吸引和留住，进一步加剧了人才短缺问题。而且由于数据分析人才在高校管理中的地位和作用尚未得到充分认识和重视，这也影响了其积极性和创造性的发挥。

三、数据安全与隐私保护的瓶颈

随着大数据、云计算等技术的广泛应用，高校学生管理数据呈现出数量庞大、类型多样、处理复杂等特点，这对数据安全与隐私保护提出了更高要求，下面具体分析当前数据安全与隐私保护的瓶颈。

（一）数据泄露的风险

高校学生管理数据一般涉及学生的个人信息、学业成绩、家庭背景等敏感信息，一旦泄露，将对学生的个人隐私造成严重侵害。而数据泄露的风险主要来源于以下几个方面：一是内部人员的疏忽或恶意行为。高校学生管理数据的采集、存储、处理等环节涉及多个部门和人员，如果内部人员缺乏足够的安全意识和操作技能，或者存在恶意泄露数据的动机，都可能导致数据泄露。例如，一些教职工可能因工作需要接触到学生的个人信息，但未能妥善保管或滥用这些信息，从而引发数据泄露事件。二是外部黑客的攻击和窃取。随着网络技术的不断发展，黑客攻击手段日益多样化，如钓鱼攻击、勒索软件、恶意病毒等。这些攻击手段通常具有隐蔽性、快速性和破坏性，能够轻易突破高校网络安全防线，窃取或篡改学生管理数据。三是第三方服务提供商的安全漏洞。在高校学生管理数据的采集、存储、处理等环节，常常需要借助第三方服务提供商的支持。如果第三方服务提供商存在安全漏洞或未能严格遵守数据保护规定，也可能导致数据泄露。

（二）隐私保护的法规不完善

隐私保护的法规不完善是当前高校学生管理中数据安全与隐私保护的另一大瓶颈。虽然我国已经出台了一系列涉及数据安全与隐私保护的法律法规，如《中华人民共和国网络安全法》《中华人民共和国个人信息保护法》等，但在高校学生管理数据的隐私保护方面仍存在一些空白和不足。一方面，相关法律法规对高校学生管理数据的隐私保护范围、保护措施、责任追究等方面的规定不够明确和具体。这导致在实际操作中，高校和教育部门在数据隐私保护方面缺乏明确的指导和依据，难以有效应对数据泄露等风险。另一方面，相关法律法规的更新和完善速度滞后于技术发展的步伐。随着大数据、云计算等技术的不断发展，高校学生管理数据的采集、存储、处理等环节发生了深刻变化，但相关法律法规的更新和完善却未能及时跟上这种变化，导致数据隐私保护存在漏洞和缺陷。

（三）数据使用的伦理争议

在高校学生管理数据的采集、存储、处理等环节，通常需要涉及学生的个人信息和隐私数据，而合理使用这些数据却存在伦理上的争议。一方面，数据的合理使用有助于提升高校学生管理的效率和质量。例如，通过分析学生的学业成绩和行为数据，可以为学生提供个性化的学习辅导和职业规划；通过分析学生的家庭背景和社会关系数据，可以为学校制定更加精准的教育政策和扶贫措施。但是这种数据使用的合理性和必要性却通常受到质疑和争议。另一方面，数据的滥用和侵犯学生隐私的行为也时有发生。例如，一些高校或教育机构为了追求商业利益或政绩目标，可能会滥用学生的个人信息和隐私数据，进行不必要的调查和统计；或者将学生的个人信息和隐私数据泄露给第三方机构或企业，用于营销和广告推广等目的。这些行为不仅侵犯了学生的隐私权和个人信息保护权，也损害了高校的声誉和形象。

四、管理模式与理念的瓶颈

当前高校学生管理模式与理念存在诸多瓶颈，限制了管理效能的提升和教育质量的优化。下面将从传统管理模式的惯性、数据驱动管理意识的不足以及管理创新的制度障碍三个方面进行深入剖析。

（一）传统管理模式的惯性

传统管理模式在高校学生管理中根深蒂固，其惯性作用不容忽视。长期以来，高校学生管理形成了以行政管理为主导、以规章制度为核心的管理模式。这种模式下，管理者会侧重于维护校园秩序和稳定，而忽视了对学生个性发展和创新能力的培养。首先，传统管理模式强调权威性和服从性，管理者与学生之间的关系是单向的、命令式的。这种管理方式容易导致学生产生逆反心理，影响管理效果。并且传统管理模式下，学生的参与度和主动性不高，难以形成积极向上的校园文化氛围。传统管理模式在决策过程中忽视学生的意见和建议，这也会导致决策结果与学生实际需求脱节，不仅降低了管理效率，还容易引发学生的不满和抵触情绪。传统管理模式在应对突发事件时反应迟钝，缺乏灵活性和应变能力。随着校园环境的日益复杂和多元化，传统管理模式已难以适应新的管理需求。

（二）数据驱动管理意识的不足

在大数据时代背景下，当前高校学生管理中数据驱动管理意识仍显不足，制约了数据分析与管理决策的有效结合。一方面，部分高校管理者对数据驱动管理的认识不足，缺乏利用数据进行分析和决策的意识。他们依赖于传统的经验式管理，忽视了数据在决策中的重要作用。这种管理方式容易导致决策失误和资源浪费。另一方面，高校学生管理数据收集、处理和分析能力有限，难以满足数据驱动管理的需求。部分高校在数据收集过程中存在数据孤岛、数据质量不高等问题，导致数据分析结果不准确、不全面。并且数据分析工具和方法的应用也相对滞后，限制了数据分析在管理决策中的广泛应用。数据驱动管理需要建立相应的数据治理体系和数据安全机制，但是当前部分高校在数据治理方面仍存在空白和漏洞，增加了数据泄露和滥用的风险。

（三）管理创新的制度障碍

在高校学生管理中，管理创新是推动管理效能提升和教育质量优化的关键所在。而当前部分高校在管理创新方面面临着显著的制度障碍，制约了管理创新的深入发展。一是部分高校在管理创新方面缺乏明确的战略规划和政策支持。他们一般缺乏长远眼光和全局思维，导致管理创新缺乏持续性和系统性。这种缺乏规划和支持的情况，使得管理创新在实践中难以得到有效推广和应用，从而限制了其发挥作用的范围和深度。二是管理创新需要打破传统的组织架构和流程模式，建立更加灵活、高效的管理体系。而当前部分高校在组织架构和流程优化方面存在阻力，导致管理创新难以落地实施。这些阻力可能来自既得利益者的阻挠、传统观念的束缚以及改革成本的考虑等因素，使得管理创新在实践中遭遇重重困难。三是管理创新还需要建立相应的激励和约束机制，以激发管理者的创新动力和责任感，当前部分高校在激励和约束机制方面存在不足，导致管理者缺乏创新热情和积极性。这种缺乏激励和约束的情况，使得管理者在管理创新中缺乏足够的动力和责任感，从而难以推动管理创新的深入开展。

第三章　高校学生数据采集及处理的现实考量

在高等教育逐渐信息化的今天，高校学生数据的采集与处理已成为学校管理不可或缺的一部分。这些数据不仅反映了学生的基本情况、学习表现，还蕴含着教育教学的诸多规律与趋势。本章将深入探讨高校学生数据采集及处理的现实考量，分析其在提升教学质量、优化管理流程、促进个性化教育等方面的重要作用，同时关注数据隐私与安全等关键问题，为高校数据治理提供实践指导和思路借鉴。

第一节　学生数据的来源及类型分析

在高等教育信息化进程中，学生数据是教育管理的重要基础，其采集、处理与应用日益受到关注。学生数据不仅涵盖了学生的基本信息、学业成绩，还涉及行为习惯、兴趣爱好等多个维度，为教育决策提供了丰富的信息支撑。本节将对学生数据的来源、类型及特征进行深入剖析。

一、学生数据的主要来源

（一）教务管理系统

教务管理系统是高校教学管理的核心平台，它不仅负责课程的安排与调度，确保教学活动的有序进行，还肩负着成绩录入、学籍管理等多重职责，为高校教学管理的规范化、信息化提供了坚实支撑。

通过教务管理系统，高校可以系统地获取学生的全面信息。这些信息涵盖了学生的基本信息，如姓名、性别、年龄、专业及班级等，构成了学生身份的基本标识。系统还记录了学生的学业成绩数据，包括各门课程成绩、成绩点及排名等，这些数据是评价学生学习表现、衡量教学质量的关键指标，也是奖学金评定、毕业资格审查的重要依据。教务管理系统还详细记录了学籍变动信息，如转专业、休学、退学等，为高校掌握学生动态、制定合理教学计划提供了全面数据支持。在教育改革深层推进的背景下，教务管理系统的功能需求不断升级。系统须具备全面分析海量信息的能力，在信息真实性判断的基础上辅助教务决策。同时，系统还应具备信息综合分析功能，验证决策的可行性。例如，在教学计划安排时，系统可根据海量信息进行关键步骤、目标论证，科学分析课程体系与教师资源，确保教务管理的可行性。

大数据视角下，教务管理系统更需满足高效高质办公要求。系统管理员可后台执行学籍维护、权限调整、成绩录入等操作，并设置信息备份与还原选项，确保数据安全[1]。任课教师可通过账号登录系统批量录入数据，实现师生互动。学生则可登录系统查看个人信息、参与评教，增强参与感。系统还应兼顾流程化与规范化，突出本校特色，给予师生良好使用体验。特别是在新业务办理时，系统应具备可开发性，快速开发简洁程序，规避重复办理、长周期审批等问题。这样的系统设计将提高工作效率，提升师生体验，为高校教学管理带来更多便利[2]。

（二）校园一卡通系统

1. 校园一卡通的意义

高校师生人数众多、规模较大。为了便于日常管理，校园内的师生生活一般都自成体系，形成了一个微缩版的社会生态。师生除了可以在校园内办公、教学、学习之外，还可以在校园内购物、就餐。不过，师生在校园内从事各类活动的时候，难免会需要存取个人档案信息，或是对师生的身份进行识别，以及进行交易支付等。这就会给师生带来诸多的不便，影响到师生的生活、工作和学习节奏。为此，我国在出台实施的一系列教育政策文件中，如《关于推进教育新型基础设施建设构建高质量教育支撑体系的指导意见》《教育信息化2.0行动计划》

① 陈彦孜.大数据背景下高职教务管理系统问题与对策研究——以广东女子职业技术学院为例［J］.电脑知识与技术，2022(15)：143-144.
② 宋沛栩.大数据视角下高校教务管理系统信息化建设研究［J］.数字通信世界，2024，(07)：40-42+123.

《中国教育现代化 2035》都明确指出要加强信息化技术在校园建设中的应用，打造智慧校园③。校园一卡通的建设是打造智慧校园不可或缺的重要环节，一卡通能为师生的校园生活提供便捷，辅助师生的工作与学习，帮助师生免除既往生活、工作和学习中的诸多麻烦与不便。这对于提高师生校园生活质量、促进高校教育教学来说具有突出的现实意义。

2. 校园一卡通系统的需求分析

高校校园一卡通系统需满足多方面需求。一般功能方面，系统应涵盖信息管理、历史记录、档案管理、财务管理、设施权限管理、宿舍管理、教务管理及健康管理等功能，确保师生生活、工作、学习的便捷性。安全需求上，系统须具备可靠的安全性，限制一卡通使用范围，采用身份认证技术防止盗用，加密存储数据并定期备份，确保信息一致性和系统安全。接口需求方面，系统应预设与学生档案管理、图书管理、财务管理、教务管理、宿舍管理及数据导出等系统的接口，实现一卡通与其他信息化系统的紧密对接，提升校园生活的便捷性和效率。通过这些接口，师生可轻松查询信息、借还图书、消费记账、查询教务安排及进出宿舍，享受智能化校园生活（见图1）④。

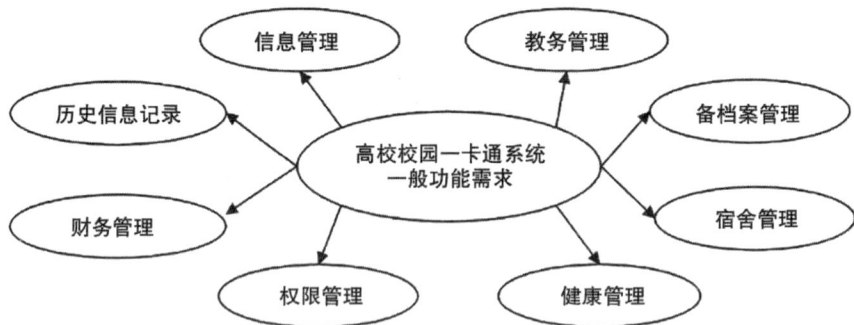

图1 高校校园一卡通系统一般功能需求

③ 张永伟.智慧校园一卡通技术和安全性设计［J］.电子技术与软件工程,2022(12):25-28.
④ 张冬.现代电子信息技术的工程化应用研究［J］.电子元器件与信息技术,2022(03):174-176.

3. 校园一卡通系统的设计与实现

高校校园一卡通系统的设计与实现涉及多个方面。系统软件结构采用 B/S 与 C/S 结合模式，满足师生在不同场景下的使用需求，中心数据库服务器负责数据存储，应用逻辑层保护数据库安全，网络传输层实现数据传输，子系统和终端层则根据需求实现具体功能。系统网络体系设计注重流畅度、效率性和安全性，采用单独组网方式，引入专用网络、物理隔离金融网络、校园网虚拟网等，确保网络边界和互联网安全。通过 MAC 地址绑定 IP、配置用户口令等措施，保障网络稳定性与安全性。系统主要功能复杂多样，包括基本管理、信息管理、财务管理、身份识别与门禁、数据交换识别、作业与考试管理等。卡片制作、发放、查询、修改、挂失、补卡、销卡等功能一应俱全，财务管理支持预存、缴费、消费、余额冻结与退还，身份识别与门禁确保权限控制，数据交换识别实现数据采集与传输，作业与考试管理则简化教师工作，方便学生查询。校园卡选型方面，高校可根据实际情况选择合适的卡片类型，如 LEGIC 非接触式 IC 卡等，确保卡片安全性与数据存储能力。同时，设置卡片有效期，避免闲置卡、多余卡增加系统负担，确保卡片在学生毕业后自行注销，提醒持卡人退领余额或办理延期。通过这些设计与实现措施，高校校园一卡通系统能为师生提供便捷、高效、安全的校园生活体验[⑤]。

（三）在线学习平台

信息技术的发展与在线教育的蓬勃兴起，促使高校纷纷构建起在线学习平台。这一创新举措丰富了网络课程资源，并为广大学生提供了便捷、灵活的学习工具。在线学习平台是数字化教育的重要载体，不仅承载着知识传递的重任，更以其独特的数据记录与分析功能，为教育教学的优化提供了有力支撑。平台精准记录了学生的学习轨迹，这一功能尤为关键。学生的登录时间、学习时长、观看视频次数等数据被系统详尽捕捉，形成了学生在线学习的全景图。这些数据具有高度的实时性和动态性，能即时反映学生的学习活跃度和投入程度，为教师及时

---

⑤ 徐俊波，刘秀琴.新一代高校校园一卡通系统建设研究［J］.中国教育信息化,2020(09):60-62.

了解学生的学习状态提供了可能。除了学习轨迹，平台还收集了学生的学习成果数据。在线测试成绩、作业提交情况、讨论区发言等，这些数据构成了学生学习效果的全面画像。通过深入分析这些数据，教师可以准确把握学生对知识点的掌握情况，及时发现学习中的薄弱环节，为后续教学策略的调整提供科学依据。在线学习平台的数据反馈机制，实现了教学过程的即时监控与评估。教师可以根据学生的学习数据，灵活调整教学内容、进度和方法，确保教学活动更加贴近学生的实际需求。同时，学生也可以通过平台反馈的学习数据，自我评估学习效果，明确学习方向，提高学习效率。

（四）社交媒体与网络行为

在信息化时代，社交媒体和网络已深度融入大学生的日常生活，成为他们获取信息、交流思想、展示自我的重要平台。大学生在社交媒体上的互动行为，如发言、分享、点赞等，以及网络使用习惯，均蕴含着丰富的个人信息和行为特征。微博、微信、抖音等平台是他们活跃度较高的社交场所，这些行为和情感表达构成了宝贵的数据资源。

社交媒体数据具有时效性强、信息量大、类型多样等特点，为数据挖掘提供了丰富素材。通过聚类算法等先进技术手段，可以从这些数据中挖掘出学生的兴趣爱好、价值观、心理状态等深层次信息。例如，利用聚类模型识别出具有相似行为模式的用户群体，发现潜在的用户兴趣点和关联性，为社交媒体营销等提供精准策略支持。同时，情感分析技术也广泛应用于社交媒体领域。通过分析用户发布的文本内容，可以识别出用户对不同话题或事件的情感倾向，如正面、负面或中性。将情感分析结果与用户聚类结果关联，能更深入地探索不同用户群体的情感倾向和行为模式之间的关系。然而，社交媒体数据的使用也面临诸多挑战。数据的主观性和不确定性要求学术研究者在利用这些数据时需谨慎处理，确保分析结果的准确性和可靠性。隐私伦理问题也不容忽视。如何在保护用户隐私的前提下合理利用社交媒体数据，是当前研究需要重点关注的问题。在利用社交媒体数据进行研究时，必须严格遵守相关法律法规和伦理规范，确保数据的合法合规使用⑥。

二、学生数据的类型划分

在数字化时代，学生数据已成为教育研究和实践中不可或缺的重要资源。这些数据涵盖了学生在学习、生活、社交等多个方面的信息。

（一）结构化数据

结构化数据是数据管理领域中的基础构成，指的是那些具有固定格式、明确字段，且易于组织和检索的数据类型。在学生数据的范畴内，结构化数据扮演着至关重要的角色。这类数据主要源自教务管理系统，其形式规范、内容明确，如学生的基本信息、学业成绩、学籍变动记录等，均被整齐地存储在数据库的表格之中。基本信息，涵盖了学生的姓名、性别、年龄、籍贯等基础资料，是识别学生身份、进行个性化管理的重要依据。学业成绩，则直接反映了学生的学习成果和学术水平，是评价学生学习效果、制定教学计划的关键指标。而学籍变动，如转专业、休学、复学等，则记录了学生学籍状态的变化轨迹，为学籍管理提供了翔实的历史数据。结构化数据的优势在于其高度的规范性和一致性。由于数据格式固定，字段明确，因此便于存储、查询和分析。教育工作者可以轻松地通过数据库管理系统，快速获取所需的学生信息，为教学管理提供准确、及时的信息支持。同时，结构化数据也为教育研究提供了丰富的素材，有助于揭示学生学习行为的规律，为教育决策提供科学依据。

（二）半结构化数据

半结构化数据是一种介于结构化数据与非结构化数据之间的独特数据类型，兼具两者的特性，在描述复杂、多变的信息时展现出显著优势。在学生数据的广阔领域中，半结构化数据同样扮演着重要角色。

---

⑥ 高大菊.基于计算机大数据分析的社交媒体用户行为挖掘与情感分析研究［J］.信息记录材料，2024，25（10）：118-120.

1. 在线学习平台中的半结构化数据

在线学习平台是现代教育技术的核心载体，其记录的学生学习轨迹数据，是半结构化数据的典型代表，为教育研究与实践提供了丰富的数据资源。这些数据涵盖了学生在平台上的多种学习行为，如登录时间、浏览课程、参与讨论、提交作业等，展现了学生在线学习的全面图景。字段内容因课程性质、教师教学方式以及学生个体学习习惯的不同而呈现出多样性。例如，视频教学为主的课程会产生大量的视频观看记录，而实践操作类课程则会有更多的实验报告提交数据。这种内容多样性使得半结构化数据在描述学生学习行为时具有极高的灵活性和准确性。通过分析这些数据，教育者可以深入了解学生的学习习惯、兴趣偏好以及学习效果，进而为教学策略的调整提供科学依据。例如，教师可以根据学生的学习轨迹数据，识别出哪些课程内容更受学生欢迎，哪些教学方式更能激发学生的学习兴趣，从而优化课程设计和教学方法，提高教学效果。半结构化数据的这种特性还为个性化学习路径的设计提供了可能。通过分析学生的学习行为数据，可以为学生推荐更符合其兴趣和需求的学习资源，提供个性化的学习支持，促进学生的全面发展。在线学习平台中的半结构化数据，在大数据时代的高校大学生管理中具有不可忽视的重要价值。

2. 校园一卡通系统中的半结构化数据

校园一卡通系统是高校信息化管理的重要组成部分，其记录的学生消费和行为数据，如食堂就餐、图书馆借阅、门禁出入等，构成了半结构化数据的重要来源。这些数据在格式上具有一定的规范性，如记录时间、地点、金额等基本信息，但字段内容却因学生个人行为和习惯的不同而展现出灵活性。例如，学生在食堂的就餐记录可能因个人口味和饮食习惯而异，图书馆借阅记录则反映了学生的阅读兴趣和专业需求，门禁出入记录则体现了学生的活动轨迹和生活规律。通过分析这些半结构化数据，可以深入揭示学生在校园生活中的行为模式和消费习惯，为校园管理和服务提供有力支持。例如，学校可以根据食堂就餐数据优化餐饮服务，根据图书馆借阅数据调整图书资源配置，根据门禁出入数据加强校园安全管理。因此，校园一卡通系统中的半结构化数据，不仅是高校信息化管理的重要基础，也是提升校园服务质量、促进学生健康成长的关键手段。

3.半结构化数据的优势

半结构化数据以其规范性与灵活性并存的特点，在教育领域展现出独特的优势。它既保留了结构化数据的部分规范性，确保了数据的基本格式和一致性，又赋予了数据足够的灵活性，以适应复杂多变的信息描述需求。这种特性使得半结构化数据能更全面地反映学生的学习行为和学习状态。它不仅包含了学生在特定时间点上的具体行为数据，如登录在线学习平台的时间、浏览的课程内容等，还能通过字段内容的多样性，揭示学生在不同情境下的学习偏好和习惯。随着信息技术的发展和教育数据的日益丰富，半结构化数据的应用前景将更加广阔。在大数据时代，高校可以通过分析半结构化数据，深入了解学生的学习轨迹、兴趣偏好和成长需求，为个性化教学、精准干预提供科学依据。半结构化数据还能为校园管理、服务优化等方面提供有力支持，推动教育事业的持续进步。

（三）非结构化数据

非结构化数据以多种形式存在，如文本、图像、音频、视频等，涵盖了人们日常生活和工作中产生的海量信息。在学生数据的范畴内，非结构化数据同样占据着重要地位，其主要来源于社交媒体和网络行为。

社交媒体上的学生发言、分享、评论等，构成了丰富的文本数据。这些数据中蕴含着学生的思想观念、情感倾向和兴趣爱好，是了解学生内心世界的重要窗口。同时，学生在网络上的浏览记录、搜索行为、在线互动等，也产生了大量的非结构化数据。这些数据以图像、音频、视频等形式存在，记录了学生的学习轨迹、社交圈子和生活习惯。处理和分析非结构化数据相对复杂，需要借助一系列先进技术手段。数据挖掘技术可以从海量数据中提取有价值的信息和知识；自然语言处理技术可以分析文本数据，理解学生的语言表达和思想情感；计算机视觉技术则可以处理图像和视频数据，识别学生的行为模式和面部表情。通过非结构化数据的挖掘和分析，教育者可以更深入地了解学生的兴趣爱好、心理状态和行为习惯。这些信息为个性化教育提供了有力支持，使教育者能根据学生的特点和需求，制定更加精准和有效的教育方案。

三、学生数据的特征分析

在大数据时代背景下，学生数据呈现出多样化、复杂化的特征。这些数据不仅包含了学生的基本信息和学业成绩，还涵盖了学生在社交媒体、在线学习平台等多方面的行为轨迹和个性化特征。通过对学生数据的特征进行详细分析，为高校大学生管理提供更为深入的数据支持。

（一）数据的多样性

学生数据的多样性体现在数据来源的广泛性和数据类型的多样性上，为数据处理带来了显著挑战，同时也孕育了丰富的机遇。从数据来源来看，学生数据涵盖了教务管理系统、校园一卡通系统、在线学习平台、社交媒体和网络行为等多个方面。这种广泛性要求数据处理系统必须具备高度的灵活性和可扩展性，以适应不同来源的数据处理需求。系统需要能无缝集成各类数据源，实现数据的统一管理和分析。

从数据类型来看，学生数据包括结构化数据、半结构化数据和非结构化数据等多种类型。结构化数据如教务管理系统中的学生基本信息、成绩记录等，具有明确的格式和字段；半结构化数据如在线学习平台中的学习轨迹数据，具有一定的格式规范但字段内容多变；非结构化数据如社交媒体上的发言、图片、视频等，则无固定格式。这种多样性要求数据处理系统能支持多种数据类型，采用灵活的处理方法和工具，以满足不同数据类型的处理需求。

数据的多样性还带来了数据格式的复杂性和数据质量的差异性。不同来源的数据可能采用不同的编码方式、存储格式和命名规范，导致数据之间的兼容性和一致性成为问题。同时，由于数据采集方式、采集时间和采集环境的不同，数据质量也存在差异。例如，教务管理系统中的数据通常具有较高的准确性和权威性，而社交媒体和网络行为中的数据则可能包含噪声和虚假信息。在学生数据处理过程中，需要对数据进行清洗、去噪和归一化处理，以提高数据的质量和可用性。清洗过程旨在去除数据中的错误、重复和无效记录；去噪过程则旨在减少数据中的噪声和异常值；归一化处理则旨在将数据转换为统一的格式和量纲，便于后续的数据分析和挖掘。通过这些处理步骤，可以确保数据的准确性和一致性，为后续的数据应用提供有力支持。

（二）数据的动态性

学生数据的动态性体现在数据随时间不断发生变化和更新，反映了学生在高校教学与管理系统中的实时状态和活动轨迹。在高校这一复杂系统中，学生的基本信息、学业成绩、学籍变动等关键数据，均可能因学生个人行为、学业进展、政策调整等多种因素而随时发生变动。同时，学生在校园一卡通系统、在线学习平台以及社交媒体上的行为数据，如消费记录、学习轨迹、社交互动等，也在持续不断地生成和更新，构成了学生数据动态性的重要组成部分。数据的动态性对学生数据处理系统提出了更高、更严格的要求。系统必须具备高度的实时性和高效性，能迅速响应数据的变化，及时获取和处理最新数据，为教育决策提供及时、准确的信息支持。这要求系统采用先进的技术手段，如实时数据处理引擎、分布式数据库等，以确保数据的实时更新和快速处理。

由于数据随时间不断变化，不同时间点的数据可能存在差异和冲突，数据的动态性也带来了显著的挑战。例如，学生成绩的更新可能因教师批改试卷的时间差异而有所延迟，导致数据不一致；社交媒体上的学生发言可能因网络延迟或平台审核机制而未能即时显示，影响数据的实时性。因此，在学生数据处理过程中，必须高度重视数据的时效性和一致性检验。通过采用有效的技术手段，如时间戳管理、数据版本控制等，确保数据的准确性和可靠性，为高校教学和管理提供有力支撑。并且，需建立健全的数据管理机制，对数据更新、维护、备份等环节进行规范和管理，以应对数据的动态性带来的挑战。

（三）数据的关联性

学生数据的关联性，是数据领域中一个不可忽视的方面，它体现在数据之间存在的复杂相互关系和相互影响之中。在高校教学与管理过程中，这种关联性尤为显著。学生的基本信息、学业成绩、学籍变动等数据，并非孤立存在，而是可能存在着某种相关性和依赖性。这些数据之间的关联，通常蕴含着学生成长与发展的内在逻辑和规律。同时，学生在校园一卡通系统、在线学习平台和社交媒体上的行为数据，也呈现出高度的关联性。例如，学生的学业成绩可能与其出勤率、学习时长以及在线测试成绩等紧密相关。这些数据之间的相互关联，揭示了学生学习行为和学业表现之间的内在联系。学生在社交媒体上的发言，也可能与其兴趣爱好、心理状态以及社交圈子等存在关联。面对这种复杂的数据关联性，学生数据处理系统必须具备强大的数据挖掘和分析能力。通过运用数据挖掘技术，可以从海量数据中提取出有价值的信息和知识，揭示数据之间的潜在关系和规律。数据的关联性也要求学生数据处理系统具备数据整合和融合的能力。只有将来自不同来源和类型的数据进行整合和融合，才能形成更加全面、准确的学生画像，为教育决策提供更为科学的依据。

第二节　数据采集中的技术及伦理考量

大数据技术的广泛应用，使高校大学生管理愈发依赖于数据采集。然而，数据采集过程并非仅涉及技术操作，其中还蕴含着复杂的伦理问题。在技术日新月异的今天，高校在采集学生数据时，必须兼顾技术的有效性和伦理的正当性，确保数据采集的合法性、合规性，同时充分保护学生的隐私权益。本节将深入探讨数据采集中的技术及伦理考量，为高校提供实践指导和理论参考。

一、数据采集的技术手段

（一）传感器与物联网技术

传感器是物联网技术的核心，在高校数据采集体系中占据关键地位。它们精确感知环境变化和物体状态，为高校提供了丰富的数据来源。校园内广泛部署的环境监测传感器、位置传感器等，如同"神经末梢"，实时捕捉着各种物理参数和学生行为数据。

环境监测传感器监测空气质量、温湿度等，为环境管理提供科学依据；位置传感器追踪学生位置，助力校园安全管理和紧急响应。这些数据不仅提升了高校管理的精细化水平，还为后续的数据分析和决策奠定了坚实基础。物联网技术将这些传感器有机连接，形成庞大的数据网络，实现信息的实时共享和协同工作。这提升了数据采集的效率和准确性，使高校能更及时地掌握校园情况，为管理和服务提供有力支撑。

物联网技术深刻改变了教师的教学方式。传统教学中，教师主要依赖课堂讲授；而今，物联网技术引入后，教师可以通过微课、在线教学平台等新型手段，与学生进行生动、互动的教学交流。物联网技术为教学展现了新途径，开阔了新渠道。教师可利用视频、PPT 等多媒体资源构建完善的教学系统。学生不仅能学习理论知识，还能通过实践指导了解知识应用。这对学习接受较慢的同学益处巨大，他们可反复观看教学视频直至掌握。近年来，物联网在课堂上的应用越来越广，对教学质量提升具有显著促进作用。它让学生在课堂上获得专业指导，课后还能在线学习，节省了时间、空间和教学资源。这种教学方式激发了学生的学习兴趣和积极性，为培养既有文化底蕴又有实践经验的新型人才提供了有力支持[⑦]。

（二）网络爬虫与日志分析

网络爬虫是一种高度自动化的数据抓取工具，依据预设的规则和算法，在互联网的广阔信息海洋中精准捕获所需数据。在高校教育领域，这一技术被广泛应用于抓取学生在社交媒体、在线学习平台等网络空间中的公开信息。这些信息内容丰富，涵盖了学生的发帖内容、评论观点、学习进度记录、社交互动等多个维度，为教育者提供了深入了解学生兴趣爱好、学习习惯及学术态度的宝贵数据支撑。

日志分析技术也在高校网络管理中扮演着举足轻重的角色。该技术专注于对网络系统、应用程序等在运行过程中产生的海量日志数据进行深度挖掘和细致分析。通过对这些日志数据的梳理，高校能揭示出学生的网络使用行为模式，如访

---

⑦ 蒋涛.物联网技术在高校校园中的应用［J］.信息与电脑(理论版),2019,(08):141-142.

问频率、停留时间、浏览路径等，从而为网络管理和教育引导提供科学依据。

日志分析的应用价值不仅体现在对学生网络行为规律的掌握上，更在于其能及时发现并解决网络使用中的潜在问题。例如，通过分析学生的上网时间分布，高校可以评估学生的网络依赖程度，进而针对性地引导学生合理安排学习与休息时间，避免网络成瘾。日志分析还能揭示出网络系统中的异常行为或潜在安全风险，如非法访问、恶意攻击等，为高校的网络安全管理提供有力支持，确保校园网络的稳定运行和数据安全。

（三）移动终端数据采集

智能手机在当今社会的广泛普及，使得移动终端成为数据采集的重要渠道。高校环境中，移动应用程序、校园 Wi-Fi 等技术手段的运用，为采集学生数据提供了新路径。通过这些技术，高校能获取学生位置信息、应用使用记录以及网络浏览行为等多维度数据。这些数据对于深入了解学生的日常生活习惯、兴趣爱好以及学习行为具有显著意义。位置信息可揭示学生活动轨迹，帮助高校掌握学生出勤、社交等情况；应用使用记录能反映学生对不同类型应用的兴趣偏好，为个性化教育提供数据支撑；网络浏览行为数据则有助于高校了解学生信息获取途径和兴趣点，从而优化信息服务。然而，移动终端数据采集也伴随着隐私保护和数据安全等挑战。采集的数据涉及学生个人信息和隐私，高校在采集过程中必须严格遵守相关法律法规，确保数据合法合规使用。同时，需采取有效措施和管理手段，保障数据安全性和保密性，防止数据泄露和滥用。因此，高校在进行移动终端数据采集时，应充分考虑学生隐私权益和数据安全，建立健全的数据管理制度和规范，确保数据采集的合法性和合规性。如此，方能充分发挥移动终端数据采集在个性化教育、校园服务优化等方面的积极作用，同时保障学生合法权益。

二、数据采集中的技术挑战

数据采集已成为高校管理的重要手段，但在实际操作中却遭遇诸多技术障碍。数据的海量性、多样性以及实时性要求，给数据采集工作带来了不小的难度。同时，数据隐私保护、数据安全传输与存储等问题也日益凸显。

（一）数据采集的实时性

在高校这一动态环境中，学生数据呈现出极高的变化频率。学生的位置信息、在线学习记录、社交互动情况等，均可能随时间的推移而瞬间更新。这就要求数据采集系统必须具备高度的实时性，能迅速捕捉并响应这些数据的变化，确保所获取的数据是最新的、准确的。实现实时数据采集，并非易事。它要求高校采用先进的数据传输技术，以确保数据在传输过程中的高效性和稳定性。同时，数据处理算法的优化也至关重要。只有对算法进行不断改进和完善，才能提高数据处理的速度，确保数据能实时更新。为了满足实时性要求，高校在构建数据采集系统时，还需充分考虑系统的扩展性和灵活性。随着高校信息化建设的不断深入，数据采集系统的功能和需求也将不断变化。因此，系统必须具备良好的扩展性，以便随时适应新的数据采集需求。同时，系统的灵活性也至关重要，它能根据不同的数据类型和采集场景，灵活调整采集策略和参数。实时数据采集还涉及数据隐私和安全的问题。在追求实时性的基础上，高校必须严格遵守相关法律法规，确保学生数据的隐私和安全不受侵犯。这要求高校在数据采集、传输、存储和处理等各个环节，都采取严格的安全措施和技术手段，确保数据的合法合规使用。

（二）数据采集的准确性

数据采集的准确性，是后续数据分析与决策制定的基石。数据若存在误差或偏差，将直接导致分析结果失真，进而可能误导决策方向。因此，高校在数据采集环节，必须将数据质量控制放在首位，这一点在高等教育质量监测国家数据平台的数据采集工作中体现得尤为明显。该平台的数据采集工作是高校年度常规工作，所采集的数据及形成的数据报告是高校实施教学内部质量常态监控的基础，其特点是覆盖面全、采集量大、数据校验严格。

为确保数据准确性，高校需采用高精度的数据采集设备。这些设备应具备稳定可靠的性能，能准确捕捉并记录所需数据。并且，数据传输通道的选择也至关重要。一个可靠、高效的数据传输通道，可以确保数据在传输过程中不失真、不丢失，从而保障数据的完整性。然而，即便采用了先进的设备和可靠的通道，数据采集过程中仍可能产生噪声数据或错误数据，如数据采集过程中出现错误和遗漏，将对高校的教育教学管理产生不良影响。从而，数据清洗和预处理环节不可或缺。通过数据清洗，可以去除数据中的噪声和异常值；通过数据预处理，可以纠正数据中的错误和不一致性。这一点在诸多高校现行数据采集工作中得到了深刻体现。不少高校通过对数据采集过程中出现的问题进行分析和研究，构建了以保障数据的完整性、准确性为基础，以提高填报的时效性为目的的全新数据采集策略。

高校还应建立严格的数据质量监控机制。这一机制应涵盖数据采集、传输、存储和处理的各个环节，确保数据在整个生命周期内都保持高质量。同时，高校还应定期对数据采集系统进行维护和升级，以适应不断变化的数据采集需求和技术发展。实践也表明，实现精准分配、复合采集、集中审核的数据采集策略，能更好地为高校的科学决策提供数据支撑[8]。

（三）数据采集的全面性

高校学生数据的采集工作是一项复杂而全面的任务，它涵盖了学生的基本信息、学业成绩、行为数据等多个层面，这些数据相互交织，共同构成了学生在校期间的全方位形象。为了深入探究学生的整体状况，高校必须全面、细致地采集这些数据。然而，这一过程并非易事，其中蕴含着多重挑战。数据来源的多样性是高校数据采集面临的一大难题。高校需要从多个渠道获取数据，如教务处提供的学生学籍信息、成绩记录，学生事务处的学生活动参与情况、奖惩记录，以及图书馆的学生借阅记录等。这些不同数据源提供的数据，在格式、类型上通常存在差异，这就需要高校在数据采集后，进行烦琐的数据整合和格式转换工作，以确保数据的一致性和可分析性。这一过程技术难度较高，需要高校具备专业的数据处理能力和技术支持。数据隐私保护也是高校数据采集过程中必须重视的问

---

⑧ 梁梦阳，赵金坤，张海秀，等.高等教育质量监测国家数据平台数据采集的问题及对策研究——以哈尔滨学院为例［J］.当代教研论丛，2022，8(08)：30-34.

题。在采集学生数据的过程中，难免会涉及学生的个人隐私信息，如家庭住址、联系方式、身份证号码等敏感信息。高校在采集这些数据时，必须严格遵守相关法律法规，确保学生隐私得到充分保护。为此，高校需要建立严密的数据管理制度，明确数据采集、存储、使用的具体规范和流程，加强对数据的安全管理，防止数据泄露和滥用。

三、数据采集中的伦理问题

在高校学生数据的采集过程中，伦理问题逐渐彰显，成为不容忽视的重要环节。随着数据技术的飞速发展和数据应用的日益广泛，如何在确保数据质量和效用的基础上，妥善处理好数据采集中的伦理问题，成为高校面临的一大挑战。

（一）隐私保护与数据安全

隐私保护是数据采集中的首要伦理问题。高校学生是数据主体，享有隐私权和数据安全权。然而，在数据采集过程中，学生的个人信息可能被泄露或滥用，导致隐私侵犯和数据安全风险。因此，高校在数据采集过程中需要严格遵守相关法律法规，如《中华人民共和国个人信息保护法》等，确保数据的合法合规使用。同时，还需要采取技术措施和管理措施，加强数据的安全保护，防止数据泄露和滥用。

1. 数据最小化原则

高校在数据采集过程中，必须严格遵循数据最小化原则。这一原则要求高校在采集学生数据时，应仅限于获取那些对于教育管理、教学服务以及学生发展真正必要的信息。例如，在采集学生的基本信息时，应聚焦于姓名、学号等核心标识信息，这些信息是识别学生身份、进行学籍管理和成绩记录的基础。同时，应避免采集那些与教育管理无关或超出合理范围的个人信息，如家庭详细住址、私人联系方式等敏感信息。通过坚持数据最小化原则，高校不仅能有效减少数据泄露的风险，还能增强学生对数据采集的信任感，确保数据采集活动的合法性和合规性，为构建安全、和谐的校园环境发挥重要作用。

2. 数据加密与存储

数据加密与存储是保障学生隐私和数据安全的关键环节。高校应充分认识到数据加密技术的重要性，对采集到的学生数据进行加密处理，无论是存储还是传输过程中，都应确保数据以密文形式存在，有效防止未经授权的访问和窃取。同时，高校还需建立健全的数据存储机制，以确保数据的完整性和随时可用性。具体而言，可以采用分布式存储方式，将数据分散存储在多个节点上，降低单一节点故障导致的数据丢失风险。实施定期的数据备份存储，确保在发生意外情况时，能及时恢复数据，从而全面提升数据的安全性和可靠性，切实保护学生的隐私权益。

3. 数据访问与权限控制

数据访问与权限控制是维护高校学生数据安全的重要防线。高校应构建一套严密的数据访问机制，确保数据仅对经过严格授权的人员开放。这要求高校明确界定不同角色和职责的数据访问权限，避免数据被非法或不当获取。同时，为了有效监控数据的使用情况，高校应实施全面的数据审计策略，记录数据的访问、处理及传输等全链条操作，以便在发生数据泄露或滥用时，能迅速追溯源头，及时采取措施予以应对。通过这样的机制设计，高校能最大限度地降低数据泄漏风险，保障学生隐私安全，确保数据在合法合规的框架内被妥善使用和管理。

（二）数据使用的知情同意

知情同意是高校在采集和使用学生数据时必须遵循的重要伦理原则。在数据采集过程中，高校应充分尊重并保障学生的知情权和选择权，确保学生在对数据用途和风险有充分了解的基础上，自愿提供个人数据。为此，高校在采集数据之初，就需明确告知学生数据的具体用途、使用范围、处理方式以及可能伴随的风险。这一告知过程应采用简洁明了、易于理解的语言和方式，避免使用过于专业或晦涩的术语，以确保学生能真正理解并作出明智的决定。在告知数据用途和风险后，高校必须获取学生的明确同意，才能合法采集和使用其数据。这种同意可以是书面的、电子的或口头的，但关键在于它必须是自愿的、明确的，并且学生有权在任何时候撤销这一同意。高校还应为学生提供便捷的途径，以便他们能轻松撤回同意或要求删除个人数据，从而确保学生的数据控制权得到充分尊重。高校还应尊重学生的选择权，不得强制或变相强制学生提供数据。对于那些不愿意提供数据的学生，高校应给予充分的理解和尊重，并提供合理的替代方案或安排，以确保他们能正常参与学校的教育活动和管理过程，不因未提供数据而受到不公正待遇或歧视。通过这些措施，高校能切实保障学生在数据采集和使用过程中的合法权益，赢得学生的信任和支持。

（三）数据采集的透明度与公平性

数据采集的透明度与公平性是高校在数据治理中必须坚守的伦理原则。为了确保数据采集活动的公开、公正，高校应秉持高度透明的态度，全面公开数据采集的相关信息。这包括但不限于数据采集的目的、方式、范围以及数据使用者等核心要素，这些信息应通过校园网站、公告栏等多种渠道进行广泛发布，确保师生及社会公众能及时、准确地了解数据采集的全貌，从而有效行使监督权利。在公开信息的基础上，高校还应主动接受社会监督，建立健全的投诉和举报机制，为师生及社会公众提供便捷的反馈渠道。对于收到的投诉和举报，高校应迅速响应、及时处理，确保数据采集活动在阳光下进行，无任何违规操作或暗箱操作。同时，高校还应定期对数据采集活动进行审计和评估，以第三方视角审视数据采集的合法合规性和公平性，及时发现并纠正存在的问题。在数据采集过程中，高校还应特别注重公平性原则的落实。无论是在采集学生的学业成绩还是其他相关信息时，都应采用统一的评价标准和方法，确保评价结果的客观性和公正性，避免对学生造成不公平的影响或歧视。同时，高校还应关注弱势群体的数据权益，通过提供必要的支持和帮助，确保他们能平等地参与数据采集活动，并享受由数据带来的各项服务，真正实现数据采集的公平、公正与包容。

第三节　数据清洗及整合的技术难点

在数据采集完成之后，数据清洗及整合成为数据处理流程中的关键环节。这一过程不仅关乎数据质量的提升，更是后续数据分析与挖掘准确性的基础。然而，数据清洗及整合并非易事，其中蕴含着诸多技术难点。本节将深入探讨这些数据清洗及整合过程中可能遇到的技术挑战，以期为相关实践提供有益的参考和指导。

一、数据清洗的主要任务

（一）数据去重与冗余处理

数据采集过程中，重复提交、系统错误或数据同步延迟等因素常导致数据集中出现重复或冗余记录。这些冗余数据不仅增加了数据处理的计算负担，还可能对后续的数据分析产生误导，影响决策的准确性。因此，数据去重与冗余处理成为数据清洗流程中的首要任务，旨在确保数据集的唯一性和准确性。

数据去重涉及识别并移除数据集中的重复记录。哈希算法是常用的一种技术手段，通过将数据记录映射为固定长度的哈希值，可以快速检测并识别出潜在的重复项。当两条记录具有相同的哈希值时，需进一步验证其内容是否完全一致，从而决定是否合并或删除。相似度计算技术也在处理文本、图像等复杂数据类型时发挥重要作用，通过量化记录间的相似程度，辅助识别潜在的重复项。冗余处理则关注于移除数据集中不必要或重复的信息片段。例如，在学生信息表中，同一学生的基本信息可能在多个记录中重复出现，这些冗余信息需被精简或合并，以提高数据集的紧凑性和一致性。在处理过程中，需深入分析数据结构，识别并删除冗余字段或记录，同时确保不丢失关键信息。

数据去重与冗余处理并非简单的删除操作，而是需结合业务逻辑和实际需求进行细致分析。在某些场景下，尽管记录内容相似，但因时间戳、操作记录或其他关键属性的不同而具有不同价值，此时需保留这些记录以维护数据的完整性和历史可追溯性。因此，在实施数据去重与冗余处理时，需深入理解数据背后的业务逻辑，确保处理过程既高效又准确，提升数据集的质量和可用性，为高校大数据管理提供有力支持。

（二）数据缺失值的填补

数据缺失是数据采集过程中常见的挑战，其成因多样，包括设备故障、人为疏忽等。这些缺失的数据如同数据集中的空白，直接影响了后续数据分析的完整性和准确性。在高校学生数据管理中，完整的数据集是洞察学生行为、优化管理策略的基础。

针对数据缺失问题，需采取科学有效的填补策略。均值填补方法简单直接，适用于数据分布均匀、缺失值较少的情况，通过计算非缺失数据的平均值来替代缺失值。然而，该方法可能掩盖数据个体差异，对极端值数据效果不佳。插值法则根据数据点间的趋势关系估算缺失值，如线性插值、多项式插值等，适用于数据点间关系明确的情况，能较好地还原数据连续性。但插值法依赖局部关系，对全局趋势把握有限。回归预测方法通过建立回归模型，利用已知数据预测缺失值，综合考虑多个自变量影响，提高预测准确性。但需注意模型选择和参数设置，避免过拟合或欠拟合。

在选择填补方法时，需综合考虑数据性质、分析需求及方法的适用性和局限性。对于不同类型的数据集，应灵活选择最合适的填补方法，确保填补后的数据接近真实值，提高数据集完整性和可用性。同时，填补过程需记录方法选择及参数设置，便于后续验证和评估，为高校学生管理提供精准、可靠的数据支持。

（三）数据噪声的过滤

数据噪声是数据集中存在的随机误差或异常值，对数据分析结果构成了潜在的干扰和误导。其来源广泛，包括设备精度不足、数据采集过程中的误差、人为操作失误等。在高校学生数据管理中，数据噪声的存在不仅影响数据质量，还可能误导管理决策，因此，数据噪声的过滤成为数据清洗过程中不可或缺的一环。滤波技术是过滤数据噪声的常用手段之一。通过应用滤波器，可以有效平滑数据中的波动，去除高频噪声，保留低频信号，从而提高数据的准确性和可靠性。滤波器的选择需根据数据的特性和分析需求来定，不同类型的滤波器适用于不同的噪声类型和频率范围。异常值检测则是另一种关键的数据噪声过滤方法。异常值，即显著偏离数据集整体分布的数据点，可能是由测量误差、数据录入错误或极端事件引起的。通过应用统计方法或机器学习算法，如 Z 分数法、箱线图法、孤立森林等，可以识别并标记出这些异常值，进而决定是否予以剔除或修正。在数据噪声过滤过程中，需谨慎处理异常值。异常值并不一定都是噪声，某些情况下可能包含重要信息。在决定剔除异常值之前，应进行充分的验证和分析，确保其确实为噪声而非有效数据。

二、数据整合的技术难点

数据整合是数据处理流程中的另一个重要环节，其主要目标是将来自不同来源、不同格式的数据进行统一和整合，以便进行后续的数据分析和挖掘。然而，数据整合过程中存在着诸多技术难点，需要谨慎处理。

（一）多源数据的格式统一

在数据整合的实践中，面对来自不同数据源的数据，格式不统一成为显著的挑战。这些数据，源自各异的系统和平台，采用着不同的格式、编码或标准，这无疑阻碍了数据的直接整合与分析。因此，格式统一成为数据整合不可或缺的基础步骤，是确保后续数据处理和分析能顺畅进行的关键所在。

格式统一的过程，是一个多维度、细致入微的工作。数据字段的映射是核心环节之一。不同数据源中的数据字段，其名称和含义可能存在差异，这就需要通过构建映射表，将这些字段一一对应起来，以确保数据的一致性和可比性。例如，在整合教务系统与一卡通系统的数据时，需将"学号"与"用户 ID"这两个实质上代表同一信息的字段进行映射。数据类型转换也是格式统一过程中不可忽视的部分。不同数据源的数据类型可能大相径庭，如整数、浮点数、字符串等。在整合这些数据时，必须根据分析的具体需求，将数据类型转换为统一的格式，以便于后续的处理和分析。例如，将成绩数据从字符串格式转换为浮点数格式，能更高效地进行数学运算。编码标准的统一同样至关重要。不同数据源可能采用不同的字符编码（如 UTF-8、GBK 等）和时间编码（如 YYYY-MM-DD、DD/MM/YYYY 等）。在整合过程中，必须将这些编码标准统一，以避免数据出现乱码或解析错误，确保数据的准确性和可读性。

格式统一是一项复杂且耗时的任务，它要求实施者具备专业的知识和技术支持。数据源的多样性和复杂性，使得格式统一过程中可能会遇到各种技术难题，如字段名称不一致、数据类型不兼容、编码标准冲突等。解决这些问题，不仅需要深入了解数据结构和标准，还需要熟练掌握数据转换和映射的技术方法。并且，在实施格式统一策略时，还需充分考虑数据整合的效率和可扩展性，确保当前的数据整合需求得到满足，同时为未来数据的变化预留足够的空间。通过精心设计和实施格式统一策略，能有效提升数据整合的顺畅度和数据的整体质量。

（二）数据关联性的建立

在数据整合过程中，建立数据之间的关联性至关重要，对后续的数据分析与管理决策具有深远影响。不同数据源的数据，虽来自不同系统和平台，却通常蕴含着内在联系与依赖关系。为了有效建立数据关联性，需采用科学且有效的方法和技术。数据匹配是基础手段，通过比对关键字段，如学号、姓名等，将同一实体的数据记录关联起来。然而，面对复杂数据结构，数据匹配可能显得力不从心。此时，关联规则挖掘技术显得尤为重要。该技术深入挖掘数据项间的频繁模式、相关性和因果关系，揭示数据间隐藏的深层次关联。例如，分析学生课程成绩可挖掘出课程间的潜在联系，为课程体系优化提供依据。数据关联性的建立是一个复杂且持续的过程。随着数据积累与更新，新的关联关系可能不断涌现。因此，需不断运用数据挖掘和分析技术，对数据关联网络进行迭代完善。同时，数据的时效性和准确性是建立数据关联性的关键。过时或错误的数据可能误导关联关系的建立，影响分析结果的准确性。因此，在数据整合时，需对数据质量进行严格把控，确保数据的时效性和准确性。建立数据关联性还需考虑数据的安全性和隐私保护。在整合过程中，应确保敏感数据不被泄漏，遵循相关法律法规，保障学生隐私权益。通过科学的方法和严谨的态度，建立可靠的数据关联性，为高校大数据管理提供有力支撑，推动学生管理的智能化和精细化发展。

（三）数据一致性的维护

由于数据来源的多样性和数据采集过程中的不确定性，整合后的数据通常存在不一致性或冲突，表现为数据值的差异、数据格式的混乱等，这些问题对后续的数据分析构成了潜在威胁。

为了维护数据一致性，必须采用科学且有效的方法和技术来检测和解决数据冲突。数据校验是首要步骤，通过对比不同数据源中的数据值，检查其是否一致，从而识别出潜在的冲突。数据清洗则是对识别出的不一致数据进行修正的过程，通过填补缺失值、去除噪声、纠正错误数据等手段，确保数据的准确性和完整性。数据融合技术也是维护数据一致性的重要手段。通过融合来自不同数据源的数据，可以消除数据间的冗余和冲突，形成更为全面、准确的数据视图。数据融合过程中，需采用合适的算法和方法，如加权平均、贝叶斯网络等，综合考虑不同数据源的可信度和重要性，确保融合结果的准确性和可靠性。

数据一致性的维护并非一劳永逸的过程。随着数据的不断积累和更新，新的不一致性可能随时出现。因此，需要建立持续的数据一致性监测机制，定期对整合后的数据进行校验和清洗，确保数据的一致性和准确性。在维护数据一致性的过程中，还需充分考虑数据的时效性和安全性。过时的数据可能无法准确反映当前状况，而数据泄露或篡改则可能带来严重的安全风险。因此，在数据整合和管理中，需采取严格的安全措施，确保数据的安全性和隐私保护，同时确保数据的时效性和可用性，为后续的数据分析提供可靠基础。

三、数据清洗与整合的工具与方法

在数据清洗与整合的过程中，为了高效、准确地完成这一复杂任务，需要借助一系列专业的工具和方法。以下将详细探讨这些工具与方法在数据清洗与整合中的应用及其重要性。

（一）数据清洗的自动化工具

在数据整合与高校大学生管理的实践中，数据清洗是预处理的关键环节，其效率和准确性直接影响着后续数据分析的可靠性和有效性，进而关系到高校大学生管理的决策质量。随着数据技术的不断发展，自动化工具在数据清洗过程中发挥着越来越重要的作用。自动化工具的应用，为高校大学生管理中的数据处理带来了显著效率提升。传统的人工清洗方式在面对海量、复杂的学生数据时显得力不从心，而自动化工具则能快速识别并处理数据中的重复、缺失和噪声等问题。例如，在整合学生的学业成绩、生活行为数据时，某些数据清洗软件内置的机器学习算法能自动分析数据特征，识别并填补缺失的成绩记录，或者通过异常检测算法过滤掉学生行为数据中的噪声部分，如错误的打卡记录等。这一过程不仅大大缩短了数据清洗的时间，还减少了人为错误的可能性，提高了数据清洗的准确性，为高校大学生管理提供了更为可靠的数据基础。自动化工具还具备灵活性和可扩展性，能适应高校大学生管理中不断变化的数据处理需求。随着学生数据的不断积累和更新，自动化工具能根据数据的特点和需求，灵活调整清洗策略和算法，确保数据处理的时效性和准确性。

（二）数据整合的 ETL 技术

在数据整合与大数据时代高校大学生管理的实践中，ETL（Extract，Transform，Load）技术是一种高效的数据整合方法，发挥着举足轻重的作用。该技术通过数据抽取、数据转换和数据加载三个核心步骤，实现了从多源数据中提取、处理和加载有效信息，为高校大学生管理提供了强有力的数据支持。

数据抽取是 ETL 技术的第一步，旨在从各个数据源中精准提取与高校大学生管理相关的数据。这些数据可能来源于教务管理系统、校园一卡通系统、在线学习平台等多个渠道，涵盖了学生的学习成绩、行为轨迹、心理健康等多方面的信息。通过自动化的数据抽取工具，可以高效、准确地获取这些数据，为后续的数据整合和分析奠定基础。数据转换是 ETL 技术的关键环节，涉及对提取的数据进行清洗、转换和格式化等处理。在这一阶段，需要对数据进行去重、填补缺失值、过滤噪声等操作，以确保数据的准确性和一致性。同时，还需要根据高校大学生管理的需求，对数据进行格式化和标准化处理，如将不同时间格式统一为YYYY-MM-DD格式，或将不同单位的成绩数据转换为统一的标准分等。这些处理为数据的后续分析和应用提供了便利。

数据加载是ETL技术的最终步骤，将处理后的数据加载到目标数据库或数据仓库中。这些数据仓库成为高校大学生管理决策的数据源，支持着各种数据分析、报表生成和决策支持应用。通过ETL技术，高校可以实现数据的自动化整合和处理，提高数据整合的效率和准确性，同时满足复杂的数据转换和清洗需求，为高校大学生管理提供及时、准确、全面的数据支持。这不仅有助于优化管理流程，提高管理效率，还能为个性化教育、精准施策等提供有力支撑，推动高校大学生管理向智能化、精细化方向发展。

（三）数据质量评估的标准与方法

数据质量是数据清洗与整合过程中的重要指标之一。为了确保数据的质量，需要采用合适的标准和方法来评估数据的质量。这些标准和方法可以包括数据的完整性、准确性、一致性、可解释性等。例如，可以通过检查数据中是否存在缺失值、异常值或重复值等来评估数据的完整性；可以通过比较数据与实际情况的符合程度来评估数据的准确性；可以通过检查数据之间的一致性关系来评估数据的一致性；可以通过对数据的解释和理解来评估数据的可解释性。通过这些标准和方法的应用，可以确保数据清洗与整合过程中的数据质量得到有效控制和提高。

在数据清洗与整合的实践中还需要注意，一是，要充分了解数据的来源和性质。不同的数据源可能具有不同的特点和问题，需要采用不同的清洗和整合方法。因此，在进行数据清洗与整合之前，需要对数据进行充分的了解和分析，以确定合适的处理方案。二是，要合理选择清洗与整合的工具和方法。不同的工具和方法具有不同的优势和适用场景，需要根据实际需求进行选择。同时，还需要考虑工具和方法的可操作性、易用性和效率等因素，以确保数据清洗与整合过程的顺利进行。三是，要注重数据质量的监控和评估。数据质量是数据清洗与整合过程中的关键指标之一，需要持续关注并评估数据的质量情况。通过建立有效的质量监控机制和评估体系，可以及时发现并解决数据质量问题，确保数据的准确性和可靠性。

第四章　基于采集数据的学生行为分析及现象解析

在大数据时代背景下，高校大学生管理正经历着新的变革。大数据技术的广泛应用，为深入洞察学生行为、精准把握学生需求提供了可能。本章将聚焦于基于大数据的学生行为分析及现象解析，探讨如何利用大数据技术对学生学业、生活、心理健康等多方面的数据进行深度挖掘和分析。通过揭示数据背后的规律和趋势，为高校大学生管理提供科学依据，助力教育管理者制定更加精准、有效的管理策略，推动学生管理的智能化和精细化发展。

第一节　学生学习行为的数据化分析

在大数据技术的推动下，学生学习行为的数据化分析正成为高校教学管理的新趋势。通过收集和分析学生在学习过程中产生的海量数据，可以深入洞察学生的学习习惯、学习成效及潜在需求。本节将围绕学生学习行为的数据化分析展开，探讨如何利用大数据技术，从多维度、多层面解析学生的学习行为，为高校教学管理提供数据驱动的决策支持，促进个性化教学和学习成效的提升。

一、学习行为数据的采集与分类

（一）课堂学习行为数据

课堂学习行为数据是理解学生在传统教学环境下学习表现的关键。这些数据涵盖了出勤情况、课堂参与度以及师生互动记录等多个维度，为教学管理提供了丰富的信息支撑。出勤情况是衡量学生参与课堂学习的基础，通过教务管理系统或课堂签到系统实时记录，包括迟到、早退、旷课等信息。这些数据直接反映了学生的学习态度和纪律性，为教学管理提供了直接的决策依据。对于出勤率较低的学生，教师可以采取个别辅导或警示措施，帮助他们提高学习参与度。

课堂参与度则是衡量学生学习积极性和主动性的重要指标。通过课堂互动系统或观察记录，可以收集学生在课堂上的发言次数、提问频率以及小组讨论参与度等数据。这些数据不仅有助于教师评估学生的学习兴趣和思维活跃度，还能为教学策略的调整提供有力支持。例如，如果发现学生在某个知识点上的参与度较低，教师可以采用更生动的教学方法或增加互动环节，以提高学生的学习兴趣和参与度。

师生互动记录也是课堂学习行为数据的重要组成部分。通过录音、录像或文本记录等方式，可以保存师生互动的详细过程，为后续的数据分析提供宝贵素材。利用文本挖掘技术分析师生互动中的关键词、情感倾向等，可以深入评估教学效果和师生关系质量，为教学改进提供科学依据。

（二）在线学习行为数据

在线学习行为数据在大数据技术的推动下，已成为学生学习行为分析的重要组成部分，它全面反映了学生在数字化学习环境下的学习习惯、学习成效及潜在需求。学习轨迹数据详细记录了学生在在线学习平台上的行为活动，如登录时间、学习时长、观看视频次数及浏览课程页面等。这些数据不仅通过平台自动采集，还为学生学习习惯的分析提供了坚实基础。例如，通过分析登录时间和学习时长，可以洞察学生的学习积极性和自律程度，帮助教师了解学生的学习投入状况。同时，观看视频次数和时长的数据则揭示了学生对课程内容的掌握程度，为教学调整提供了参考。

学习成效数据是评价在线学习效果的关键指标，涵盖在线测试成绩、作业提交情况及讨论区发言质量等。这些数据不仅直接反映了学生的学习成果，还为教师提供了宝贵的反馈。通过分析在线测试成绩，教师可以迅速识别出学习困难的学生，及时提供个性化的辅导和支持；而作业提交情况则能评估学生的作业完成度和质量，为后续的教学评价和教学策略调整提供依据。学习偏好数据揭示了学生在学习过程中的个人喜好和倾向，包括学习风格和学习资源偏好等。通过深入分析学生在线学习行为数据，可以挖掘出学生的学习偏好，为个性化学习路径的设计提供科学依据。例如，分析学生对不同类型学习资源的访问频率和时长，可以了解其学习风格和资源偏好，进而推荐更适合的学习内容和方式，提升学习效果和满意度。综上所述，在线学习行为数据为高校提供了全面、深入的学生学习行为洞察，为优化教学策略、提升教学质量提供了有力支持。

（三）自主学习行为数据

在大数据时代，自主学习行为数据对于深入了解学生的自主学习习惯和能力具有重要意义，为促进学生自主学习提供了有力支持。通过图书馆管理系统、在线学习平台等渠道，可以收集到学生利用自主学习资源的数据，如图书借阅记录、数据库访问量、在线课程学习时长等。这些数据不仅反映了学生对自主学习资源的利用状况，还体现了他们的自主学习意识和资源获取能力。学术分析显示，这些数据能用于评估学生在自主学习方面的主动性和积极性，为后续的学习支持服务提供有针对性的指导。自主学习时间的分配是衡量学生自主学习规划和管理能力的重要指标。通过记录学生在不同学习任务上的自主学习时间，可以洞察他们在学习过程中的时间管理策略。例如，对学生在不同学科或课程上的自主学习时间分配进行分析，有助于识别学生的学习重点和难点，进而提供个性化的学习建议和资源推荐。对自主学习效果的评估同样不可或缺。通过定期的自我测试、作业提交、项目报告等方式，可以收集到学生的自主学习效果数据。这些数据不仅反映了学生的学习成果，还提供了反馈，有助于了解学生在自主学习过程中遇到的问题和困难。学术研究表明，通过分析这些数据，可以调整学习计划和策略，为学生提供更加精准的学习指导和支持，进而促进他们的自主学习能力和终身学习意识的发展。

二、学习行为的关键指标分析

学习行为的数据化分析离不开对关键指标的深入剖析。这些指标不仅能反映学生的学习习惯、学习成效，还能揭示其潜在的学习需求和问题。

（一）学习时长的分布特征

学习时长是衡量学生学习投入程度的核心指标，其分布特征深刻揭示了学生的学习习惯与规律。通过分析学生在不同时间段的学习时长分布，可以洞察其学习活动的周期性与节律性。学生在一天中的学习时长分布可能呈现出明显的早晚高峰，这些高峰时段通常对应着学习效率的峰值，为教学安排提供了宝贵的参考。例如，早晨或夜晚的某些时段，学生可能表现出更高的学习专注度，教师与管理者可据此调整课程时间与辅导时段，以最大化学生的学习效果。进一步细化至不同学科或课程的学习时长分布，则能更精准地把握学生的学习重点和难点。某些学科或课程可能占据了学生更多的学习时间，这反映出这些领域对学生而言的挑战性或兴趣所在。对于学习时长显著偏长的学科，可能意味着学生在该领域遇到了学习障碍，需要额外的支持与辅导。而对于学习时长较短的学科，则可能表明学生对该领域的内容掌握较为熟练，或是对其缺乏足够的兴趣。这些信息对于个性化教学计划的制定至关重要，有助于教师根据学生的实际需求调整教学策略，提供更具针对性的学习资源与指导。学习时长的分布特征还受到多种因素的影响，如学生的个人学习习惯、课程难度、学习环境的舒适度等。因此，在分析学习时长分布时，需综合考虑这些因素，以获得更为全面、准确的学生学习画像。通过持续跟踪与深入分析，可以不断优化教学安排，提升学生的学习体验与成效。

（二）学习内容的偏好分析

学习内容偏好是反映学生学习兴趣和需求的核心指标，其深入剖析对于优化课程设计和个性化学习路径设计具有重要意义。通过细致分析学生对不同类型学习内容的访问频率与停留时长，可以精准揭示其学习偏好，为后续教育决策提供科学依据。

学生在不同学科课程上的访问频率与停留时长直接反映了其学习兴趣和学科偏好。例如，某些学生对数学课程表现出极高的访问频率和较长的停留时长，这可能表明他们对该学科具有浓厚的兴趣或较强的学习能力。反之，若学生在某门课程的访问频率较低且停留时长短暂，则可能意味着该课程的内容或教学方式未能有效吸引其注意力。基于这些数据，教育者可以灵活调整课程结构，增加或减少相关学科的课时安排，以满足不同学生的学习需求，提升教学质量。学生对不同类型学习资源的访问频率也揭示了其学习风格和资源偏好。例如，视频资源因其直观性和生动性，通常受到许多学生的青睐。若学生在视频资源上的访问频率显著高于文本或音频资源，则可能表明他们更倾向于通过视觉途径获取知识。教育者应充分利用这一信息，合理配置学习资源，如增加视频课程的数量和质量，以满足学生的学习偏好，提高学习效率。

学习内容的偏好并非一成不变，而是随着学生认知发展和兴趣变化而动态调整。因此，教育者需持续跟踪学生的学习行为数据，动态分析其内容偏好，以便及时调整教学策略和资源配置，确保教学内容的时效性和针对性。通过这一持续的过程，可以不断提升学生的学习兴趣和参与度，促进个性化学习路径的有效实施，为大数据时代的高校大学生管理提供有力支持。

（三）学习效果的关联性分析

学习效果是学习行为分析的核心目标，其与研究时长、学习内容偏好等因素的关联性，为深入理解学生学习行为、优化教学策略提供了重要线索。通过系统分析这些关联，可以揭示影响学习成效的关键因素，为教学改进和个性化学习支持提供科学依据。

学习时长与学习成绩之间的关联性分析揭示了学习投入对学习效果的影响。一般而言，学习时长与学习成绩呈现正相关关系，即学习投入越多，学习成绩通常越好。然而，这种关系并非绝对，过度学习可能导致疲劳效应，反而降低学习效率。因此，关键在于找到最佳学习时长，使学习效果最大化。通过分析不同学生的学习时长与成绩数据，可以个性化地指导学生合理安排学习时间，避免无效学习。学习内容偏好与学习成绩之间的关联性分析，则揭示了学习兴趣对学习效果的作用机制。学生对感兴趣的内容通常表现出更高的学习积极性和参与度，从而取得更好的学习成效。这表明，课程内容的设计应充分考虑学生的兴趣和需求，以增强其学习动机和效果。教育者可以通过分析学生对不同学科或话题的偏好，调整课程内容和教学方法，使教学更加贴近学生兴趣，提高学习效果。

学习风格、学习动机等其他因素与学习效果之间的关联性也不容忽视。不同学生拥有不同的学习风格，如视觉型、听觉型或动觉型，这些风格影响着他们的学习方式和效率。同时，学习动机的强弱也直接关联到学习效果，内在动机强的学生通常表现出更好的学习主动性和持久性。因此，教育者需全面考虑这些因素，采用多元化的教学策略，满足不同学生的学习需求，提升整体教学效果。通过深入分析学习效果的关联性，可以为大数据时代的高校大学生管理提供更为精准和有效的教育支持。

三、学习行为模式的数据化建模

学习行为模式的数据化建模，是大数据时代高校大学生管理研究中的重要一环。通过运用统计学、数据挖掘与机器学习等先进技术，对大量学习行为数据进行深入分析，可以构建出学生学习行为的数学模型，揭示其内在规律和特征。这一过程不仅有助于深入理解学生的学习行为，还为个性化教学、精准干预提供了科学依据。

（一）学习行为的时间序列分析

时间序列分析是探索学习行为随时间变化规律的关键方法，在大数据时代的高校大学生管理研究中展现出独特价值。通过对学生学习行为的时间序列数据进行深度建模与分析，可以精准捕捉学习行为的周期性、趋势性和随机性特征，为教学安排与学习计划的优化提供科学依据。

分析学生每日学习时长的时间序列数据，能揭示其学习活动的周期性模式。学生可能在不同时间段展现出不同的学习活跃度，如早晨或夜晚的某些时段学习时长显著增加，形成学习高峰期。这些高峰期不仅反映了学生的学习习惯，也为教学时间的灵活调整提供了参考。例如，教师可以根据学习高峰期的分布，合理安排课程时间，确保在学生学习效率最高的时段进行重要知识点的教学，从而提高教学效果。进一步地，对学生在不同学期或学年的学习成效时间序列数据进行分析，能评估其学习进步与发展趋势。学生可能在不同阶段展现出不同的学习成效，如入学初期对新知识的掌握较为缓慢，而随着学习的深入，成绩逐渐提升。这种趋势性分析有助于教师识别学生在学习过程中可能遇到的挑战与瓶颈，及时调整教学策略，提供个性化学习支持。例如，对于学习成效持续下滑的学生，教师可以深入分析其原因，是学习方法不当、动力不足还是其他外部因素干扰，进而制定针对性的干预措施。时间序列分析还揭示了学习行为中的随机性特征，如突发事件、个人情绪等可能对学习时长与成效产生短期影响。通过捕捉这些随机波动，教师可以更全面地理解学生的学习状态，灵活调整教学计划，确保教学活动的顺利进行。

（二）学习行为的聚类分析

聚类分析是探索性学习行为分类的关键技术，在大数据时代的高校大学生管理研究中至关重要。通过对学习行为的聚类分析，可以揭示不同学生群体间的行为差异与共性，为个性化教学和分组学习提供数据支撑。在聚类过程中，学习时长、内容偏好等关键指标成为划分学生群体的依据。学生因此被归类为积极学习者与消极学习者等不同类型。积极学习者展现长学习时长和广泛内容偏好，而消极学习者则可能投入不足或选择局限。这种分类帮助教育者识别学生学习态度与习惯，为不同类型学生提供针对性教学支持。对积极学习者，可提供挑战性资源和任务，激发其潜能；对消极学习者，则需细致辅导和激励，提升其学习动力。聚类分析亦适用于在线学习行为数据的挖掘。在线学习行为数据聚类可识别出自主学习者与合作学习者等学习模式群体。自主学习者偏好独立完成任务，而合作学习者则乐于团队协作。了解这些模式有助于优化在线课程设计和学习环境构建。针对自主学习者，可增加自学资源和工具，如在线图书馆和电子书籍；对合作学习者，则可设计团队合作任务和讨论环节，促进协作能力提升。

（三）学习行为的预测模型

预测模型是基于历史学习行为数据对未来学习行为或成效进行预测的重要工具，在大数据时代的高校大学生管理研究中占据核心地位。通过构建精准的预测模型，可以为教学管理提供前瞻性的决策支持，助力教育管理者有效预测学生的学习进展，及时识别潜在的学习困难。

学习时长预测模型的构建，是预测模型应用的一个典型实例。基于机器学习算法，如时间序列分析、回归分析等，可以对学生的历史学习时长数据进行深度挖掘，构建出能预测未来学习投入程度的模型。这一模型能捕捉学生学习时长变化的趋势和规律，为教学计划的调整和优化提供科学依据。例如，当预测到学生在未来某段时间内学习时长可能下降时，教师可以提前采取措施，如增加辅导时间、调整课程内容等，以维持学生的学习动力。学习成效预测模型则侧重于预测学生的学习成绩和进步趋势。通过数据挖掘技术，如分类、聚类、关联规则挖掘等，可以对学生的历史学习成效数据进行全面分析，构建出能预测未来学习成果的模型。这一模型能揭示影响学习成绩的关键因素，为个性化学习支持和干预措施的实施提供参考。例如，对于预测成绩可能下滑的学生，教师可以提供额外的辅导资源，如在线课程、学习小组等，以帮助其提高学习成绩。

在构建预测模型时，需高度重视数据的时效性和准确性，确保模型输入数据的质量。同时，还需关注模型的泛化能力和解释性，确保预测结果不仅准确可靠，而且易于理解和应用。通过持续优化预测模型，可以不断提升其预测精度和适用性，为高校大学生管理提供更加精准和有效的决策支持。

第二节　学生生活行为的数据化建模

学生生活行为数据是反映学生日常生活状态、健康状况及社交互动的关键信息，在大数据时代的高校大学生管理研究中占据重要地位。通过对宿舍生活、校园消费、社交活动等多元化数据的深度挖掘与分析，可以揭示学生生活行为的内在规律和特征，为高校提供精准化的学生管理与服务。本节将详细探讨学生生活行为数据的来源、类型及其关键特征分析，进而构建生活行为模式的数据化模型，为高校大学生管理提供科学依据。

一、生活行为数据的来源与类型

（一）宿舍生活行为数据

宿舍是大学生日常生活的核心场所，其生活行为数据承载着丰富的信息，是反映学生生活习惯、健康状况及行为模式的重要窗口。这些数据，包括但不限于学生的作息时间、用电用水情况、宿舍出入记录等，为高校管理者提供了深入了解学生宿舍生活状态的有效途径。

作息时间数据，通过宿舍门禁系统或智能设备的实时采集，精准记录了学生的入睡与起床时间，揭示了他们的睡眠规律和生活节奏。睡眠是恢复体力、巩固记忆的重要环节，其时长与质量直接关系到学生的身心健康和学习效率。通过对作息时间数据的分析，高校管理者可以识别出作息不规律的学生群体，进而提供针对性的生活指导和健康干预，帮助学生建立健康的作息习惯。用电用水情况数据，则通过宿舍的智能电表和水表进行监测，间接反映了学生的生活习惯和能源消耗情况。不同学生的用电用水模式各异，有的可能倾向于节约，有的则可能较为浪费。这些数据不仅为高校提供了制定节能减排政策的依据，还为优化宿舍设施配置、提升居住舒适度提供了参考。例如，对于用电量较高的宿舍，可以考虑升级节能设备，如安装 LED 照明、使用节能电器等，以降低能源消耗。

宿舍出入记录数据，详细记录了学生的进出宿舍时间，为分析学生的活动轨迹和社交模式提供了宝贵信息。通过对学生出入记录的跟踪，高校管理者可以了解学生在宿舍与校园其他区域之间的流动情况，识别出活跃的学生群体和社交中心，进而优化校园布局和社交活动安排。同时，出入记录数据还能为校园安全管理提供有力支持，如通过监控异常出入情况，及时发现并处理潜在的安全隐患。

（二）校园消费行为数据

校园消费行为数据是反映学生经济状况、消费习惯及购买力的重要载体，在大数据时代的高校大学生管理研究中具有不可忽视的价值。随着校园一卡通系统的广泛普及，学生的每一次消费记录都被精准捕捉，涵盖了食堂就餐、超市购物、图书馆借阅等多个方面，为高校管理者提供了全面而深入的学生消费画像。

　　消费数据先揭示了学生的饮食习惯和经济状况。通过分析学生在食堂的就餐频率和消费金额，可以直观地了解学生对不同食物种类的偏好以及其在饮食上的经济投入。例如，频繁光顾高档餐厅的学生可能具有较高的消费能力，而经常选择经济实惠套餐的学生则可能更加注重性价比。这些信息不仅有助于高校食堂优化菜品结构，提供更符合学生口味的餐饮服务，还能为经济困难学生提供有针对性的资助和帮扶。消费数据还反映了学生的日常消费品偏好。超市购物记录详细记录了学生购买的商品种类、数量及价格，为分析学生的消费习惯提供了丰富素材。例如，频繁购买健康食品的学生可能更加注重生活质量，而偏好购买电子产品或时尚服饰的学生则可能具有不同的消费导向。高校管理者可以根据这些数据分析结果，调整校园商业布局，引入更多符合学生需求的商品和服务，提升校园商业的吸引力和竞争力。

　　校园消费行为数据还具有监测异常消费行为的潜力。通过分析学生的消费趋势和模式，可以及时发现过度消费或消费不足的情况。对于过度消费的学生，高校可以提供消费指导和教育，帮助其树立正确的消费观念，避免陷入经济困境；对于消费不足的学生，则可以提供经济援助或勤工俭学机会，改善其经济状况，确保其基本生活需求得到满足。

（三）社交活动行为数据

　　为了深入理解学生的社交活动行为，学校需构建全面的数据收集系统，涵盖社交媒体互动记录与校园活动参与数据。该系统对接校园活动报名、考勤记录及反馈平台，实现社交活动数据的自动化采集，确保信息的及时准确。采集的数据经过深入分析，可揭示不同社交活动对学生社交能力、团队协作及领导力的影响。通过识别活动对学生社交技能提升的积极作用与需改进之处，学校能精准调整活动内容与资源投入。针对活跃度过高或过低的学生，数据分析能揭示潜在问题，提供个性化支持，助其平衡学业与课外活动，解决社交或心理问题。利用活动反馈数据，借助自然语言处理技术，学校可深入了解活动优势与不足，优化活动组织与管理，提升活动质量与学生满意度。同时，基于社交活动数据预测学生未来活动兴趣与参与趋势，规划符合学生需求的活动内容，确保活动吸引力。社交网络分析则帮助识别社交边缘学生，提供必要社交支持，促进校园社交融合。通过对不同学生群体的活动偏好分析，学校可定制化设计课外活动，提高参与度和满意度，促进学生全面发展[1]。

二、生活行为的关键特征分析

生活行为数据是反映学生日常生活状态、健康状况及社交互动的重要信息，蕴含着丰富的特征规律。通过深入分析这些数据的关键特征，可以揭示学生生活行为的内在逻辑与潜在模式，为高校管理者提供制定精准化管理策略的科学依据。

（一）作息规律的量化

作息规律是衡量学生生活习惯和健康状况的关键指标。通过对学生宿舍门禁系统或智能设备采集的作息时间数据进行量化分析，可以深入揭示学生睡眠规律与生活节奏的内在联系。统计学生每日的入睡时间和起床时间，计算出平均睡眠时长，进而评估学生的睡眠质量与稳定性。充足的睡眠对维持学生身心健康、提高学习效率至关重要。量化分析显示，长期熬夜或过早起床的学生群体，作息不规律现象显著。高校管理者可据此识别出这些学生，提供针对性的生活指导和健康干预，帮助其调整作息，改善健康状况。进一步分析学生作息时间的变化趋势，如周末与工作日、考试周与非考试周之间的差异，可揭示学生作息习惯的变化规律。考试周期间，学生常因备考压力延长学习时间，导致睡眠时间缩短；而周末则可能因放松娱乐而晚睡晚起。这种变化规律的掌握，有助于高校灵活调整宿舍管理策略，如调整门禁时间、优化照明和通风条件，以适应学生作息习惯，创造更舒适的居住环境。作息规律的量化分析还为高校制定合理教学计划提供依据。通过分析学生作息时间的分布，可合理安排课程时间，确保学生在最佳学习状态下接受知识，提高教学效果。对于作息不规律的学生，高校可提供个性化学

---

① 李栋.基于大数据的学生行为分析与管理策略[J].公关世界,2025,(03):75-77.

习辅导和时间管理培训，帮助其建立健康作息习惯，为学业成功奠定基础。

（二）消费习惯的聚类

在大数据时代的高校大学生管理中，消费习惯的聚类分析首先依赖于对消费数据的全面采集。通过校园一卡通系统，可以获取学生在校内的各类消费行为数据，如食堂就餐、超市购物、图书馆借阅等。这些数据不仅记录了消费金额和频率，还隐含了学生的消费偏好和经济状况。基于这些数据运用聚类分析技术，将学生划分为不同的消费习惯群体，如节约型、享受型和冲动型。节约型学生群体以低消费频率和金额为特征，注重实用性和性价比；享受型学生则追求高品质生活体验，愿意为品牌和服务支付高价；冲动型学生则可能因一时冲动进行非理性消费。

针对不同消费习惯群体的学生，高校可以制定个性化的消费指导政策。对于节约型学生群体，高校可以提供经济实惠的消费建议，如推荐优惠商品和服务，开展省钱技巧讲座等，以满足其理性消费需求。对于享受型学生群体，高校可以推荐高端消费选择，如精品餐厅、特色购物场所等，同时引导其理性消费，避免过度奢侈。对于冲动型学生群体，高校则需加强消费教育和引导，通过开设理财课程、举办消费知识讲座等形式，帮助他们树立理性消费观念，学会规划和管理消费。这些个性化消费指导政策的制定，不仅有助于满足学生的消费需求，还能引导学生形成健康的消费观念，促进校园文化的繁荣发展。

消费习惯的聚类分析还为高校优化校园商业布局和营销策略提供了重要参考。通过分析不同消费习惯群体的消费特征和需求，高校可以合理规划校园内的商业布局，如设置不同类型的餐饮店、超市、书店等，以满足不同学生的消费需求。同时，高校还可以根据消费习惯群体的特点，制定针对性的营销策略，如针对享受型学生群体推出高端品牌合作活动，针对冲动型学生群体开展消费节活动以引导理性消费等。这些优化措施不仅提升了校园商业的吸引力和竞争力，还为学生提供了更加便捷、舒适的消费环境，促进了校园经济的健康发展。

（三）社交网络的拓扑

社交网络是反映学生社交圈子和互动模式的重要载体，其拓扑分析在大数据时代的高校大学生管理研究中占据核心地位。通过对社交媒体和校园社交平台采集的社交活动数据进行深入剖析，可以揭示学生社交网络的结构与特征，为理解学生社交行为提供坚实科学依据。

拓扑分析聚焦于社交网络中节点（学生）之间的连接关系，涵盖朋友关系、关注关系等，并关注这些关系的强度、密度及分布状态。通过构建社交网络拓扑图，能直观展现学生间的社交互动模式，进而识别出网络中的核心节点与边缘节点。核心节点以其高连接度和广泛影响力，成为社交网络中的关键角色，其行为与意见通常能引领整个网络的动态。而边缘节点则因连接度较低，可能处于社交圈子的边缘地带，需要更多关注与引导。社交网络并非静态不变，而是处于持续动态变化之中。新节点的加入、旧节点的退出，以及连接关系的建立与断裂，都是其动态变化的重要体现。分析这些变化，可以洞察学生在社交网络中的角色演变，如边缘节点向核心节点的转化，或反之。

社交网络的拓扑分析为高校管理者提供了深入理解学生社交模式和互动特征的有力工具。通过识别核心节点与边缘节点，高校能制定更具针对性的社交支持策略。例如，为边缘节点提供更多社交机会，促进其融入社交网络；为核心节点提供领导力培训，发挥其积极引领作用。并且，分析社交网络的动态变化，有助于高校优化校园社交环境，如调整活动安排，增强学生间的交流与互动，进而推动校园文化的繁荣发展。

三、生活行为模式的数据化建模

生活行为模式的数据化建模，是大数据时代高校大学生管理研究中的重要环节。通过对学生宿舍生活、校园消费及社交活动等多元化数据的深度挖掘与整合，可以构建出反映学生生活行为模式的数字模型，为高校管理者提供精准化的决策支持。

（一）生活行为的时间规律建模

生活行为的时间规律建模是揭示学生生活行为随时间变化规律的重要工具，在大数据时代的高校大学生管理研究中占据重要地位。通过对宿舍生活行为数据、校园消费行为数据和社交活动行为数据进行时间序列分析，可以构建出精准反映学生生活节奏和习惯的时间规律模型。分析学生每日的作息时间数据，可以揭示其睡眠与清醒周期的规律。例如，观察学生入睡与起床时间的分布，可以发现大多数学生倾向于在夜间某一时段入睡，早晨某一时段起床，形成稳定的作息模式。这种作息模式不仅反映了学生的生物钟状态，也为高校管理者提供了调整课程安排的重要依据。通过合理安排课程时间，可以确保学生在最佳学习状态下接受知识，提高学习效率。同时，对校园消费行为数据的时间序列分析，可以洞察学生消费习惯的动态变化。例如，分析学生在不同时间段内的消费频率和金额，可以发现周末或节假日时消费活动显著增加，反映出学生在休闲时间的消费特点。这一发现为高校制定校园商业布局和价格政策提供了科学依据，有助于满足学生的消费需求，提升校园商业的吸引力。社交活动行为数据的时间序列分析，能揭示学生社交互动的时间规律。例如，分析学生参与校园活动的频率和时间段，可以发现某些活动在特定时间段内更受欢迎，如晚上的社团聚会或周末的文化讲座。高校管理者可以根据这些时间规律，策划更具吸引力的校园活动，促进学生的社交互动和校园文化繁荣。

（二）生活行为的异常检测模型

生活行为的异常检测模型是识别学生生活行为中异常现象的重要工具，在大数据时代的高校大学生管理研究中具有重要意义。通过对宿舍生活行为数据、校园消费行为数据和社交活动行为数据进行深入的异常值检测，可以构建出精准有效的异常检测模型。异常值检测的核心在于识别数据中的离群点，即那些与正常数据分布显著不同的数据点。在作息时间数据中，异常晚睡或早起现象可能暗示学生存在生活作息不规律的问题，需要引起关注。通过构建异常检测模型，可以及时发现这些作息异常的学生，为他们提供生活指导和心理咨询，帮助其调整作息习惯，维护身心健康。

在校园消费行为数据中，异常大额消费或频繁小额消费现象可能反映学生的经济状况或消费观念存在问题。异常检测模型能精准捕捉这些消费异常，为高校管理者提供预警信息。对于大额消费异常的学生，可以提供经济援助和消费指导，帮助其合理规划财务；对于频繁小额消费异常的学生，则可以引导其树立正确的消费观念，避免浪费。在社交活动参与情况数据中，异常活跃或沉默现象可能表明学生在社交互动方面存在问题。异常检测模型能识别出这些社交异常的学生，为他们提供针对性的社交技能培训或心理健康支持。对于异常活跃的学生，可以引导其合理分配时间和精力，避免过度社交影响学业；对于异常沉默的学生，则可以鼓励其积极参与社交活动，提升社交能力，融入校园社交圈子。

（三）生活行为与学业表现的关联

在大数据时代的高校大学生管理中，生活行为数据的综合采集是关联分析的基础。通过整合宿舍生活行为数据（如作息时间、用电用水情况）、校园消费行为数据（如食堂就餐、超市购物记录）以及社交活动行为数据（如社团活动参与、网络社交互动），可以全面描绘学生的日常生活状态。这些数据不仅反映了学生的生活习惯和偏好，还可能隐藏着与学业表现之间的内在联系。通过关联分析技术，探索这些生活行为数据与学业成绩之间的潜在关系，为高校管理者提供新的管理视角和决策依据。

关联分析的核心在于揭示生活行为与学业表现之间的内在关联机制。例如，通过分析作息时间与学习成绩的相关性，发现了充足的睡眠和规律的作息对于提高学习效率和学习成绩的重要性。对于作息时间与学习成绩呈负相关的学生，这可能意味着他们的学习习惯和生活节奏存在问题，需要高校管理者提供针对性的生活指导和心理咨询，帮助他们调整作息习惯，提高学习效率。同样，消费习惯与学习成绩之间的关联性也值得深入探讨。过度消费或不合理消费可能给学生带来经济压力，进而影响其学习专注度和学业表现。对于这类学生，高校可以提供经济援助和消费指导，帮助他们树立正确的消费观念，减轻经济压力，从而提高学业成绩。此外，社交活动参与情况与学习成绩的关联也不容忽视。良好的社交能力和互动模式有助于促进学生的全面发展，但过度参与社交活动可能影响学业。因此，高校需要引导学生平衡学业与社交，提供社交技能培训和心理健康支持，帮助学生提升社交能力，促进学业进步。

通过关联分析揭示的生活行为与学业表现之间的内在联系，为高校管理者制定针对性的教育干预措施提供了科学依据。针对不同类型的学生，高校可以制定个性化的干预方案。对于作息不规律、影响学业的学生，可以提供个性化的生活指导计划，包括作息调整建议、健康生活方式推广等。对于消费观念不合理、经济压力大的学生，可以提供经济援助、消费教育和理财指导等，帮助他们树立正确的消费观念，减轻经济负担。对于社交能力不足、影响学业的学生，可以提供社交技能培训、团队合作项目等，帮助他们提升社交能力，增强团队协作能力。这些干预措施的实施，旨在通过改善学生的生活行为，间接提升他们的学业表现，实现全面发展和健康成长。同时，高校还可以根据关联分析的结果，不断优化和调整教育管理和服务策略，为学生提供更加科学、个性化的支持。

第三节　学生心理健康现象的数据化解析

学生心理健康是高校教育管理中不可忽视的重要方面，其数据化解析在大数据时代展现出新的潜力。通过对学生心理健康相关数据的深入分析与挖掘，可以揭示学生心理状态的动态变化与潜在问题，为高校提供精准的心理健康监测与干预策略。本节将探讨如何利用大数据技术对学生心理健康现象进行数据化解析，以期为高校心理健康管理工作提供科学依据和实践指导。

一、心理健康数据的采集与处理

（一）心理测评数据的来源

心理测评数据是评估学生心理健康状态的核心依据，其来源多样且各具特色。在高校心理健康管理体系中，专业心理测评占据核心地位。这些测评由专业心理咨询师或心理学人员主导，采用如焦虑自评量表（SAS）和抑郁自评量表（SDS）等标准化量表，对学生心理状态进行全面评估。这些量表科学验证，具备高信度和效度，能客观反映学生心理健康水平，为后续干预提供基础。随着信息技术发展，在线心理测评平台兴起，为学生提供便捷测评途径。学生可随时随地通过网络完成测评，结果实时反馈，提升自我监测和干预时效性。在线测评拓宽覆盖面，提高测评效率，使心理健康管理更加高效精准。学生自我评估的心理测评结果也是重要补充，虽主观性强，但能提供初步心理状态线索，有助于发现潜在问题。采集和使用时需确保数据真实可靠，避免主观偏差干扰评估结果。采集心理测评数据时，需严格遵循科学性和有效性原则。选择恰当测评工具，确保测评过程规范严谨，加强结果保密和隐私保护。同时，对数据进行标准化处理，统一格式和量纲，便于后续分析和挖掘。标准化处理提高分析准确性，促进不同来源数据整合与比较，为深入理解学生心理健康状态提供有力支撑。

（二）社交媒体情感分析数据

社交媒体是大学生日常交流的重要平台，其上的发言、分享、点赞等行为蕴含了丰富的情感信息。通过对这些数据进行情感分析，可以深入揭示学生的心理状态和情感倾向，为心理健康监测提供有力数据支持。社交媒体情感分析数据主要源自微博、微信、抖音等社交平台，内容涵盖学生的文本发言、图片、视频等多种形式。其中，文本发言是情感分析的主要对象，因其能直接反映学生的情绪表达和思想动态。利用自然语言处理技术，如文本分类、情感词典匹配以及机器学习算法等，可以对文本发言进行情感倾向分析，准确判断其情感色彩是正面、负面还是中性。

社交媒体情感分析数据并非完美无缺，其局限性不容忽视。社交媒体上的发言通常具有主观性和随意性，这使得情感分析结果可能存在一定的误差。例如，学生在社交媒体上的情绪表达可能受到个人情绪、社交压力等多种因素影响，导致分析结果偏离真实心理状态。不同学生使用社交媒体的习惯和频率差异显著，这可能导致情感分析数据的代表性不足。经常活跃于社交媒体的学生，其数据可能更具代表性；而较少使用社交媒体的学生，其数据则可能无法全面反映其心理状态。因此，在利用社交媒体情感分析数据进行心理健康监测时，需采取谨慎态度。应结合其他数据来源，如心理测评数据和行为数据，进行综合分析和判断。心理测评数据能提供更为客观、全面的心理健康评估，行为数据则能间接反映学生的心理状态。通过多维度数据的整合与分析，可以更加准确地揭示学生的心理状态和情感倾向，为心理健康干预提供科学依据。同时，还需不断优化情感分析技术和方法，提高情感分析的准确性和可靠性，以更好地服务于高校大学生心理健康管理工作。

（三）行为数据与心理状态的关联

行为数据，如学生的出勤情况、学习成绩、消费记录、社交活动参与情况等，与心理状态之间存在密切的关联。通过分析行为数据与心理状态的关联，可以揭示学生心理状态的变化趋势和潜在问题，为心理健康干预提供有力支持。例如，学生的出勤情况可以反映其学习动力和兴趣。长期缺勤或迟到早退的学生可能存在心理问题，如焦虑、抑郁等。通过对学生出勤情况的数据分析，可以及时发现这些潜在问题，为心理健康中心提供预警信息。

学习成绩也是反映学生心理状态的重要指标。学习成绩突然下滑或波动较大的学生可能面临学习压力或心理问题，需要心理健康中心的关注和干预。消费记录和社交活动参与情况也能反映学生的心理状态。异常大额消费或频繁小额消费可能暗示学生存在经济压力或心理问题；社交活动参与度的降低可能表明学生存在社交障碍或心理问题。通过对这些行为数据的分析，可以深入了解学生的心理状态，为心理健康干预提供科学依据。在关联分析过程中，需采用合适的统计方法和数据挖掘技术，如相关分析、回归分析、聚类分析等，以揭示行为数据与心理状态之间的内在联系。还需考虑其他影响因素，如个人特质、家庭背景、社会环境等，以全面理解学生心理状态的变化趋势和潜在问题。

二、心理健康问题的数据化识别

心理健康问题的数据化识别，是大数据时代高校大学生管理研究中的重要环节。通过对学生心理健康相关数据的深入分析与挖掘，可以精准识别学生可能存在的心理问题，为高校提供科学的心理健康监测与干预依据。

（一）心理压力的量化评估

通过对学生心理压力的量化评估，可以及时了解学生的心理压力水平，为心理健康干预提供科学依据。心理压力的量化评估可以通过心理测评数据和行为数据来实现。心理测评数据如焦虑自评量表（SAS）、抑郁自评量表（SDS）等，可以直接评估学生的心理压力水平。行为数据如出勤情况、学习成绩、消费记录等，也可以间接反映学生的心理压力。例如，长期缺勤或学习成绩下滑可能暗示学生面临较大的心理压力。在量化评估过程中，需选择合适的评估指标和评估方法。评估指标应具有代表性和敏感性，能准确反映学生的心理压力水平。评估方法则应具有科学性和有效性，能确保评估结果的准确性和可靠性。除了心理测评数据和行为数据外，还可以结合社交媒体情感分析数据对心理压力进行量化评估。通过分析学生在社交媒体上的发言内容，可以了解其心理压力和情感倾向，为量化评估提供补充信息。量化评估结果可以用于制定个性化的心理健康干预方案。对于心理压力较大的学生，可以提供专业的心理咨询和心理治疗服务；对于心理压力较小的学生，则可以提供心理健康教育和自我调适技巧的指导。

（二）情绪波动的动态监测

对学生情绪波动的动态监测，能及时发现学生的情绪问题，为心理健康干预提供及时支持。情绪波动的动态监测可以通过社交媒体情感分析数据和行为数据来实现。社交媒体情感分析数据可以实时反映学生的情绪状态，如正面、负面或中性情感。通过对学生社交媒体发言的情感倾向分析，可以了解其情绪变化趋势和潜在问题。行为数据如消费记录、社交活动参与情况等，也可以间接反映学生的情绪波动。例如，异常大额消费或频繁小额消费可能暗示学生存在情绪波动。在动态监测过程中，需采用合适的时间序列分析方法和数据挖掘技术，如

ARIMA 模型、LSTM 神经网络等，以捕捉学生情绪波动的规律和趋势。同时，还需结合其他数据来源，如心理测评数据和行为数据，进行综合分析和判断。动态监测结果可以用于制订及时的心理健康干预措施。对于情绪波动较大的学生，可以提供及时的心理支持和干预服务；对于情绪波动较小的学生，则可以提供心理健康教育和情绪管理技巧的指导。

（三）心理危机的早期预警

心理危机是指学生面临的严重心理问题，如自杀倾向、重度抑郁等，这些问题可能对学生的生命安全和身心健康造成严重威胁。通过对学生心理危机的早期预警，可以及时发现并干预潜在的心理危机事件，保护学生的生命安全和身心健康。心理危机的早期预警可以通过心理测评数据、行为数据和社交媒体情感分析数据来实现。心理测评数据如自杀意念量表（SIS）、抑郁自评量表（SDS）等，可以直接评估学生的自杀意念和抑郁程度。行为数据如出勤情况、学习成绩、消费记录等，也可以间接反映学生的心理危机。例如，长期缺勤或学习成绩急剧下滑可能暗示学生面临心理危机。社交媒体情感分析数据则可以实时反映学生的情绪状态和心理状态，为心理危机的早期预警提供有力支持。在早期预警过程中，需采用合适的预警模型和算法，如逻辑回归、决策树、支持向量机等，以准确识别潜在的心理危机事件。同时，还需结合其他数据来源，如心理咨询记录、医疗记录等，进行综合分析和判断。早期预警结果可以用于制订紧急的心理危机干预方案。对于存在心理危机风险的学生，可以提供及时的心理支持和危机干预服务，如心理热线、心理咨询、紧急医疗救治等。还需与相关部门和人员保持密切沟通，共同制定和执行心理危机干预方案，确保学生的生命安全和身心健康。

三、心理健康干预的数据化支持

心理健康干预的数据化支持，是提升高校心理健康管理效能的关键途径。通过利用大数据技术，可以为学生提供更加个性化、精准化的心理健康干预方案，增强干预效果。

（一）个性化心理干预方案设计

个性化心理干预方案是针对学生个体差异和具体心理问题制定的干预措施。通过对学生心理健康数据的深入分析和挖掘，可以制定更加精准和有效的个性化心理干预方案。个性化心理干预方案的设计需要考虑多个因素，包括学生的心理状态、心理问题类型、个人特质、家庭背景等。例如，对于存在焦虑问题的学生，可以采用认知行为疗法（CBT）进行干预；对于存在抑郁问题的学生，则可以采用抗抑郁药物进行治疗。同时，需考虑学生的个人喜好和接受度，选择适合学生的干预方式和手段。在个性化心理干预方案的设计过程中，需采用合适的数据挖掘和机器学习算法，如聚类分析、关联规则挖掘、决策树等，以揭示学生心理问题与干预措施之间的内在联系。通过对学生心理健康数据的深入分析和挖掘，可以发现不同学生之间的个体差异和共同特征，为制定个性化心理干预方案提供科学依据。个性化心理干预方案的实施需要专业的心理咨询师和心理学专业人员的指导和支持。他们可以根据学生的具体情况和心理问题类型，制订具体的干预计划和步骤，确保干预措施的有效性和针对性。需定期对干预效果进行评估和调整，以确保干预方案的持续有效性和适应性。

（二）心理健康资源的精准匹配

心理健康资源，涵盖心理咨询服务、心理治疗服务及心理健康教育资源等，是实现学生心理健康干预的重要支撑。通过对学生心理健康数据的深入分析与挖掘，可以实现这些资源的精准匹配，为学生提供更加贴合其需求的心理健康服务。在精准匹配过程中，需综合考虑多个关键因素。学生的心理问题类型是决定匹配方向的基础。对于轻度焦虑的学生，心理健康教育和自我调适技巧的指导或许已足够；而对于重度抑郁的学生，则必须提供专业的心理咨询服务和心理治疗服务。学生的个人特质和需求程度也是不可忽视的因素。例如，内向型学生可能更倾向于线上咨询服务，而外向型学生则可能更愿意面对面交流。学生的地理位置和时间安排也是影响服务方式选择的重要因素。为实现精准匹配，需采用先进的数据挖掘和推荐算法，如协同过滤、基于内容的推荐等。这些算法能深入挖掘学生心理需求与心理健康资源之间的内在联系，揭示不同学生之间的心理需求差异和共同特征，为精准匹配提供科学依据。同时，构建有效的心理健康服务网络和平台也是实现精准匹配的关键。这些网络和平台应整合各类心理健康资源，提供一站式的心理健康服务。例如，可以建立心理健康咨询热线、在线心理咨询平台以及心理健康教育网站等，确保学生能便捷地获取所需服务。加强与相关部门和机构的合作与联动，共同构建完善的心理健康服务体系，也是提升心理健康资源精准匹配效果的重要途径。

（三）心理干预效果的量化评估

心理干预效果的量化评估，是检验心理干预措施有效性和针对性的核心环节。通过对比分析学生心理干预前后的心理健康数据，可以客观量化评估干预效果，为优化心理干预方案提供坚实科学依据。在量化评估过程中，选择合适的评估指标和方法至关重要。评估指标应具备代表性和敏感性，能准确反映学生的心理健康状态及干预效果。例如，可采用焦虑自评量表（SAS）、抑郁自评量表（SDS）等心理测评工具，对心理健康状态进行量化度量。

评估方法则需具备科学性和有效性，确保评估结果的准确性和可靠性。配对样本 t 检验、方差分析等统计方法，是对比分析心理干预前后数据的有效工具。量化评估还需充分考虑其他影响因素。时间效应，即学生在未接受干预时心理健康状态的自然变化，需通过前后测设计或对照组设计等方法予以排除，以确保评估结果的准确性。个体差异，即不同学生对同一干预措施的不同反应，需采用分层分析或多变量分析等方法进行深入探讨，以揭示其对干预效果的影响。量化评估结果直接指导心理干预方案的优化。效果显著的干预措施应予以推广和应用；效果不显著的则需调整和优化，以提高其针对性和有效性。定期的心理干预效果评估与反馈机制，也是确保干预措施的有效性和适应性的关键。通过持续监测和评估，可以及时调整干预策略，以更好地满足学生的心理健康需求。

第五章　数据支持下的学生学业管理优化

在当今数字化时代，大数据技术为学生学业管理带来了新的机遇与挑战。传统的学业管理模式已难以满足多样化的学生需求和适应复杂的教育环境。借助大数据的强大分析能力，能够深度挖掘学生学业数据背后的价值，精准把握学生的学习状况。通过对海量数据的收集、整理和分析，可实现学业管理的精细化、科学化和个性化。大数据支持下的学生学业管理优化，不仅能够提升教学质量，还能为学生的成长与发展提供更有力的保障，推动教育事业迈向新的高度。

第一节　学业成绩的数据化评估及监测

传统的成绩评估方式过于依赖单一的考试成绩，缺乏全面性和动态性。而数据化评估及监测则打破了这一局限。利用大数据技术，可全面收集学生在课堂表现、作业完成情况、测验成绩等多方面的数据，构建科学合理的评估模型。通过实时监测这些数据，能够及时发现学生学习过程中的问题和进步趋势。这不仅有助于教师调整教学策略，也能让学生更清楚自己的学习状况，从而有针对性地进行学习，提高学习效率和成绩。

一、学业成绩数据的采集与整理

（一）课程成绩数据的来源

课程成绩数据的来源具有多样性和复杂性，深入了解这些来源有助于全面、准确地采集学业成绩数据。在教育领域，传统的课堂考试是课程成绩数据的重要来源之一。课堂考试包括单元测试、期中考试和期末考试等，这些考试能够系统地检验学生在特定阶段对知识的掌握程度。例如，在数学课程中，单元测试可以针对某一章节的知识点进行考查，如函数的性质、几何图形的计算等；期中考试则会涵盖半个学期的教学内容，对学生的阶段性学习成果进行综合评估；期末考试更是对整个学期知识的全面检测。通过这些考试所获得的成绩数据，能够直观地反映学生在不同学习阶段的表现。

除了课堂考试，作业成绩也是课程成绩数据的关键组成部分。作业是学生巩固课堂知识、提高应用能力的重要途径。教师布置的书面作业、实验报告、项目作业等都可以作为成绩评定的依据。以科学课程为例，学生完成的实验报告不仅需要记录实验过程和结果，还需要对实验现象进行分析和总结，教师可以根据报告的完整性、准确性和创新性来评定成绩。项目作业则更注重学生的团队协作能力和综合应用知识的能力，如在历史课程中，学生可能需要完成一个关于某一历史时期的研究项目，包括资料收集、数据分析和报告撰写等环节，教师会根据项目的质量给予相应的成绩[1]。

课堂表现包括学生的出勤情况、课堂参与度、回答问题的质量等方面。出勤情况能够反映学生的学习态度和自律性，按时出勤是保证学习效果的基本前提。课堂参与度则体现了学生的学习积极性和主动性，积极参与课堂讨论、提出问题和分享观点的学生往往能够更好地理解和掌握知识。教师可以通过记录学生在课堂上的发言次数、发言质量等信息，对学生的课堂表现进行量化评估，并将其纳入课程成绩数据中。

（二）考试成绩的标准化处理

考试成绩的标准化处理是确保学业成绩数据具有可比性和有效性的重要环节。由于不同考试的难度、题型和评分标准可能存在差异，直接使用原始成绩进行比较和分析可能会得出不准确的结论。因此，需要对考试成绩进行标准化处理，使其能够在不同考试之间进行公平的比较。

常见的标准化处理方法之一是 Z 分数法，Z 分数是一种基于正态分布的标准化方法，它将原始成绩转换为以均值为 0、标准差为 1 的标准分数。通过计算 Z 分数，可以将不同考试的成绩统一到一个标准尺度上，从而便于进行比较和分

---

[1] 曲丽洁.大数据时代高校学生管理工作与模式创新研究［M］.北京:文化发展出版社,202407.209.

析。例如，假设有两个班级分别参加了不同难度的数学考试，班级 A 的平均成绩为 70 分，标准差为 10 分；班级 B 的平均成绩为 75 分，标准差为 15 分。如果直接比较两个班级的原始成绩，可能会得出班级 B 学生成绩更好的结论。但通过计算 Z 分数，将两个班级的成绩进行标准化处理后，就可以更准确地比较两个班级学生的相对表现。除了 Z 分数法，还有百分等级法等其他标准化处理方法。百分等级法是将原始成绩转换为该成绩在总体中所处的百分比位置。例如，某学生的考试成绩为 80 分，通过计算其百分等级为 80%，这意味着该学生的成绩优于总体中 80% 的学生。百分等级法能够直观地反映学生在总体中的相对位置，便于教师和家长了解学生的学习水平。在进行考试成绩的标准化处理时，还需要考虑考试的信度和效度。信度是指考试结果的可靠性和稳定性，即多次考试结果的一致性程度。效度是指考试能够准确测量学生知识和能力的程度。只有当考试具有较高的信度和效度时，标准化处理后的成绩数据才具有实际意义。因此，在设计考试和进行成绩处理时，需要采用科学的方法和技术，确保考试的质量和标准化处理的准确性。

（三）成绩数据的动态更新

成绩数据的动态更新是保证学业成绩数据时效性和准确性的重要措施。学生的学习情况是不断变化的，随着学习进程的推进和教学内容的深入，学生的成绩也会发生相应的变化。因此，需要及时更新成绩数据，以便准确反映学生的最新学习状态。

成绩数据的动态更新可以从多个方面进行。其一，在每次考试结束后，教师应及时录入和更新成绩数据。无论是课堂小测验还是大型考试，及时的成绩更新能够让学生和家长尽快了解学习情况，同时也为教师的教学调整提供依据。例如，在一次单元测试后，教师可以在当天或第二天将成绩录入到教学管理系统中，学生和家长可以通过系统及时查询成绩，了解自己在本单元的学习表现。其二，随着教学过程的推进，教师可以根据学生的课堂表现、作业完成情况等不断调整成绩数据。例如，学生在课堂上积极参与讨论、提出有价值的观点，教师可以给予一定的加分；学生按时完成作业且质量较高，也可以在平时成绩中体现出来。通过这种方式，成绩数据能够更加全面地反映学生的学习过程和努力程度。

成绩数据的动态更新还需要与教学评价相结合。教师可以根据成绩数据的变化情况，对教学效果进行评估和反思，及时调整教学策略和方法。如果发现某个班级的整体成绩在某一阶段出现下滑，教师可以分析原因，是教学内容难度过大、教学方法不当还是学生学习态度出现问题等，然后针对性地采取措施进行改进。同时，成绩数据的动态更新也可以为学生提供反馈，帮助他们了解自己的学习进展和不足之处，从而调整学习策略，提高学习效果。成绩数据的动态更新是一个持续的过程，需要教师、学生和家长的共同参与和配合。通过及时、准确地更新成绩数据，能够更好地发挥学业成绩数据在教学管理和学生发展中的作用。

二、学业成绩的评估模型构建

（一）成绩分布的统计分析

成绩分布的统计分析旨在通过收集、整理和分析学生的学业成绩数据，揭示成绩在群体中的分布特征和规律，为后续的教学决策和学生发展提供有力依据。

对于成绩数据的收集，需要确保其全面性和准确性。这意味着要涵盖所有相关课程的成绩，无论是必修课程还是选修课程，同时要保证成绩录入的准确无误。收集到的数据可以按照不同的维度进行分类，如按照年级、班级、学科等，以便进行更细致的分析。例如，在一所高校里，将不同年级学生的数学成绩分别收集起来，这样可以针对每个年级的特点进行单独的成绩分布研究。在对成绩数据进行初步整理后，接下来要进行的是描述性统计分析。这包括计算成绩的均值、中位数、众数、标准差等统计量。均值反映了学生成绩的总体平均水平，中位数则是将成绩按大小排序后位于中间位置的数值，众数是出现次数最多的成绩。标准差则衡量了成绩的离散程度，标准差越大，说明学生之间的成绩差异越大。通过这些统计量，可以对成绩的集中趋势和离散程度有一个直观的认识。例如，某班级数学成绩的均值为 75 分，中位数为 72 分，众数为 70 分，标准差为 15 分，这表明该班级成绩整体处于中等水平，且学生之间的成绩差异较为明显。

除了描述性统计分析，还需要进行成绩分布形态的分析。常见的成绩分布形态有正态分布、偏态分布等。正态分布是一种理想的分布形态，表明学生的成绩在总体上呈现出"中间多、两头少"的特征，即大部分学生的成绩处于中等水平，只有少数学生成绩特别高或特别低。如果成绩分布呈现偏态分布，又可分为正偏态和负偏态。正偏态分布表示成绩较低的学生较多，高分段学生较少；负偏态分布则相反，成绩较高的学生较多，低分段学生较少。通过分析成绩分布形态，可以判断教学效果和学生的学习情况。如果某学科成绩呈现正偏态分布，可能意味着教学难度较大或者学生在该学科的基础普遍较弱。成绩分布的统计分析还可以结合图表进行直观展示。常见的图表有直方图、箱线图等。直方图可以清晰地展示成绩的分布区间和频数，让人们一眼就能看出成绩在各个区间的分布情况。箱线图则可以展示成绩的中位数、四分位数、异常值等信息，有助于发现数据中的异常情况。例如，通过箱线图可以快速识别出成绩特别高或特别低的异常值，进而分析这些异常值产生的原因，是学生的特殊情况还是考试本身存在问题[②]。

（二）成绩趋势的预测模型

构建成绩趋势的预测模型对于学业成绩的数据化评估及监测具有重要意义。它可以帮助教师和学校提前了解学生的学习发展趋势，及时采取干预措施，促进学生的学业进步。

构建成绩趋势预测模型的第一步是确定预测的目标和变量。预测目标通常是学生未来某一阶段的学业成绩，如期末考试成绩、下一学期的平均成绩等。而变量则包括学生的历史成绩、学习时间、课堂表现、作业完成情况等。这些变量与学生的成绩之间存在着一定的关联，通过对这些变量的分析和建模，可以预测学生的成绩趋势。例如，学生的历史成绩是预测未来成绩的重要依据，一般来说，过去成绩较好的学生在未来取得好成绩的可能性也较大。在确定了预测目标和变量后，需要选择合适的预测模型。

② 陈燕.高校教育管理创新与实践研究［M］.北京：文化发展出版社，202312.149.

常见的预测模型有线性回归模型、时间序列模型、神经网络模型等。线性回归模型是一种较为简单的预测模型，它假设变量之间存在线性关系，通过建立线性方程来预测成绩。例如，以学生的平时作业成绩和课堂表现成绩作为自变量，期末考试成绩作为因变量，建立线性回归方程，通过求解方程的系数来预测期末考试成绩。时间序列模型则更注重数据的时间顺序和趋势。它通过分析历史成绩的时间序列数据，找出成绩的变化规律，进而预测未来的成绩。例如，对于一个学生连续几个学期的成绩数据，可以使用时间序列模型分析其成绩是呈上升趋势、下降趋势还是波动趋势，然后根据这些趋势来预测下一个学期的成绩。

神经网络模型是一种更为复杂和强大的预测模型，它模拟了人脑的神经元结构和工作原理，能够处理复杂的非线性关系。神经网络模型可以自动从大量的数据中学习变量之间的关系，并进行准确的预测。例如，在处理包含多个变量的成绩数据时，神经网络模型可以通过多层神经元的计算和调整，找到最佳的预测结果。为了提高预测模型的准确性和可靠性，需要对模型进行评估和优化。评估模型的指标通常包括均方误差、平均绝对误差等。均方误差反映了预测值与实际值之间的平均平方误差，平均绝对误差则反映了预测值与实际值之间的平均绝对误差。通过不断调整模型的参数和结构，使这些评估指标达到最优，从而提高模型的预测性能。

（三）成绩影响因素的关联分析

成绩影响因素的关联分析能够深入探究影响学生成绩的各种因素及其相互关系，为制定针对性的教学策略和干预措施提供科学依据。

要进行成绩影响因素的关联分析，首先需要明确可能影响学生成绩的因素。这些因素可以分为内部因素和外部因素。内部因素主要包括学生的学习能力、学习态度、学习方法等。学习能力是学生获取和掌握知识的能力，不同学生的学习能力存在差异，这会直接影响他们的学习成绩。学习态度则反映了学生对学习的积极性和主动性，积极的学习态度有助于提高学习效果。

学习方法是学生在学习过程中采用的策略和技巧，合适的学习方法能够提高学习效率。例如，有的学生善于总结归纳知识点，有的学生则擅长通过做练习题来巩固知识。外部因素主要包括家庭环境、学校教育、社会环境等。家庭环境对学生的学习有着重要的影响，父母的教育水平、家庭的学习氛围等都会影响学生的学习成绩。例如，父母受过高等教育且注重孩子学习的家庭，孩子往往有更好的学习条件和学习指导。学校教育方面，教师的教学质量、教学方法、课程设置等都会对学生的成绩产生影响。一位教学经验丰富、教学方法灵活的教师能够更好地激发学生的学习兴趣，提高教学效果。社会环境也会在一定程度上影响学生的学习，如社会的文化氛围、科技发展水平等。在明确了可能的影响因素后，需要收集相关的数据。可以通过问卷调查、访谈、成绩记录等方式获取学生的学习情况、家庭背景、学校教育等方面的数据。然后，运用统计分析方法对这些数据进行处理，找出成绩与各影响因素之间的关联。常用的统计分析方法有相关性分析、回归分析等。相关性分析可以计算成绩与各影响因素之间的相关系数，相关系数的绝对值越接近 1，表示两者之间的相关性越强。

通过相关性分析发现学生的学习时间与成绩之间存在较强的正相关关系，这说明增加学习时间有助于提高成绩。回归分析则可以建立成绩与各影响因素之间的回归方程，通过求解方程的系数来确定各因素对成绩的影响程度。例如，建立一个包含学习能力、学习态度、家庭环境等因素的回归方程，通过分析方程的系数可以知道每个因素对成绩的具体影响大小。成绩影响因素的关联分析还可以结合聚类分析和因子分析等方法。聚类分析可以将学生按照成绩和影响因素的特征进行分类，找出不同类型学生的特点和需求。因子分析则可以从众多的影响因素中提取出少数几个综合因子，简化分析过程，更清晰地揭示影响成绩的主要因素。通过这些综合分析方法，可以全面、深入地了解成绩影响因素的关联，为提高学生的学业成绩提供有力的支持。

三、学业成绩的实时监测机制

（一）成绩异常的自动识别

要实现成绩异常的自动识别，需要建立成绩的基准模型。这一模型基于对大量历史成绩数据的深度挖掘和分析，综合考虑学科特点、年级水平、班级整体情况等多方面因素，确定每个学生在正常情况下的成绩波动区间。例如，对于数学学科，通过对过去多个学期同年级学生的成绩进行统计分析，得出该学科成绩的均值、标准差等统计量，并以此为基础构建成绩的分布模型。每个学生的成绩在这个模型中都有一个对应的合理范围，如果某次成绩超出了这个范围，就有可能被判定为异常。在确定了成绩的基准模型后，需要运用合适的算法来进行异常识别。常见的算法包括基于统计学的方法和基于机器学习的方法。基于统计学的方法主要利用成绩数据的统计特征，如均值、中位数、标准差等，通过计算成绩与这些统计量的偏离程度来判断是否异常。例如，当某个学生的成绩与班级平均成绩的差值超过一定倍数的标准差时，就可以将其标记为异常成绩。这种方法简单直观，计算成本较低，但对于复杂的数据分布和异常情况的识别能力相对有限。

基于机器学习的方法则能够更好地处理复杂的数据和多样化的异常模式。通过训练机器学习模型，让其学习正常成绩的特征和模式，当遇到不符合这些模式的成绩时，就可以识别为异常。常用的机器学习算法包括决策树、支持向量机、神经网络等。以神经网络为例，它可以自动从大量的成绩数据中学习到复杂的非线性关系，能够更准确地识别出各种类型的异常成绩，如突然的成绩大幅下降、与其他学科成绩严重不匹配等情况。为了提高异常识别的准确性和可靠性，还需要对识别结果进行验证和修正。系统可以设置人工审核环节，让教师或专业人员对自动识别出的异常成绩进行再次确认。同时，不断收集和分析新的成绩数据，对基准模型和识别算法进行优化和调整，以适应不同时期和不同学生群体的特点。例如，随着教学内容和考试难度的变化，及时更新成绩的基准模型，确保异常识别的标准始终合理有效[③]。

（二）成绩变化的动态追踪

成绩变化的动态追踪能够持续关注学生成绩的发展趋势，及时发现成绩的波动情况，为教学决策和学生辅导提供重要依据。

---

③　姚爱华,倪璞,李勇.高校学生管理工作的创新性研究［M］.北京:文化发展出版社,202310.163.

要实现成绩变化的动态追踪，需要建立一个完善的成绩数据库，将学生的每次考试成绩、作业成绩等详细信息进行记录和存储。这个数据库不仅要包含成绩的具体数值，还要记录考试的时间、科目、考试类型等相关信息，以便进行全面的分析。例如，在一个学期内，将学生每次数学小测验、单元测试、期中考试和期末考试的成绩依次录入数据库，并标注清楚考试的具体日期和考试内容，这样就可以构建出学生数学成绩随时间变化的完整轨迹。基于成绩数据库，可以运用数据分析技术对成绩变化进行深入挖掘。首先，可以计算成绩的变化率，即相邻两次考试成绩的差值与前一次考试成绩的比值，以此来衡量成绩的变化幅度。例如，某学生在第一次数学测验中成绩为 80 分，第二次测验成绩为 90 分，那么成绩变化率为（90 - 80）/ 80 = 0.125，即成绩提高了 12.5%。通过持续计算成绩变化率，可以清晰地观察到学生成绩的上升或下降趋势。除了成绩变化率，还可以分析成绩的波动频率和稳定性。波动频率反映了成绩在一定时间内的变化次数，波动频率过高可能意味着学生的学习状态不稳定。

稳定性则可以通过计算成绩的标准差来衡量，标准差越小，说明成绩越稳定。

例如，某学生在一个学期内的多次语文考试成绩的标准差较小，说明该学生的语文成绩比较稳定，学习状态相对较好。为了更直观地展示成绩变化的动态过程，可以采用可视化的方法。例如，绘制成绩折线图，以考试时间为横轴，成绩为纵轴，将学生的每次考试成绩连接起来，形成一条折线。通过观察折线的走势，可以清晰地看到成绩的上升、下降或波动情况。同时，还可以在折线图上标注出成绩变化的关键节点和异常点，便于教师和学生进行重点分析。在成绩变化的动态追踪过程中，还需要结合学生的学习行为和课堂表现等信息进行综合分析。例如，如果发现某学生的成绩突然下降，需要进一步了解该学生在这段时间内的学习态度是否发生了变化、是否遇到了学习困难等情况，以便采取针对性的措施进行干预。

（三）成绩数据的可视化呈现

成绩数据的可视化呈现能够将复杂、抽象的成绩数据以直观、易懂的图形和图表形式展示出来，帮助教师、学生和家长更好地理解成绩信息，做出科学的决策。在选择可视化方式时，需要根据不同的分析目的和数据特点来进行合理选择。对于展示学生个体成绩的分布情况，可以使用直方图或箱线图。直方图能够清晰地显示成绩在各个区间的分布频数，让人们直观地了解学生成绩的集中趋势和离散程度。

箱线图则可以展示成绩的中位数、四分位数、异常值等信息，有助于发现数据中的异常情况。例如，通过箱线图可以快速识别出某个学生成绩与班级整体成绩的差异程度，判断该学生是处于成绩的高位、中位还是低位。对于展示学生成绩随时间的变化趋势，折线图是一种非常合适的可视化方式。折线图可以将学生每次考试的成绩连接起来，形成一条清晰的折线，通过观察折线的走势，能够直观地看到成绩的上升、下降或波动情况。同时，还可以在折线图上添加趋势线，进一步分析成绩的变化趋势。例如，在一个学年内，将学生每次数学考试的成绩绘制成折线图，并添加趋势线，如果趋势线呈上升趋势，说明该学生的数学成绩在不断提高。如果要比较多个学生或班级之间的成绩差异，可以使用柱状图或雷达图。柱状图通过柱子的高度来表示成绩的大小，能够直观地比较不同学生或班级之间的成绩差异。雷达图则可以同时展示多个维度的成绩信息，如不同学科的成绩、不同评价指标下的成绩等，通过在雷达图上绘制各个维度的成绩数据，可以清晰地看到学生或班级在各个方面的优势和劣势。

在比较不同班级的综合成绩时，使用雷达图可以直观地看出每个班级在语文、数学、英语等学科上的表现差异。为了提高可视化效果，还可以对图表进行进一步的优化和设计。例如，为图表添加合适的标题、坐标轴标签、图例等信息，使图表更加清晰易懂。可以使用不同的颜色、形状和线条样式来区分不同的数据系列，增强图表的视觉效果。此外还可以将多个相关的图表组合在一起，形成一个可视化仪表盘，全面展示学业成绩的各个方面信息，为决策者提供更全面、准确的参考。

第二节　个性化学习路径的设计及实施

每个学生都有独特的学习风格、能力和需求，传统统一的教学模式难以满足学生的个性化发展。大数据为个性化学习路径的设计及实施提供了可能。通过对学生的学习数据进行深入分析，包括学习速度、知识掌握程度、兴趣爱好等，能够精准描绘学生的学习画像。基于此画像，为学生量身定制个性化的学习路径，包括适合的学习资源、学习方法和学习进度。在实施过程中，持续跟踪学生的学习情况并动态调整路径，让每个学生都能在最适合自己的学习模式下成长，充分发挥自身潜力。

一、个性化学习路径的理论基础

（一）学习风格的理论分类

在众多学习风格理论中，科尔布（Kolb）的学习风格模型具有广泛影响力。该模型基于学习者获取经验和转化经验的方式，将学习风格分为四种类型。第一种是发散型（Diverging）学习风格，这类学习者善于从不同角度观察问题，富有想象力和创造力，他们偏好通过具体经验和反思观察来学习。例如在艺术鉴赏课程中，发散型学习者能够从作品中捕捉到丰富的细节和情感，提出独特的见解。第二种是同化型（Assimilating）学习风格，他们注重理论和抽象概念，倾向于通过反思观察和抽象概念化进行学习。在学习物理、数学等学科的理论知识时，同化型学习者能够快速理解并构建起知识体系。第三种是聚合型（Converging）学习风格，这类学习者擅长将理论应用于实践，通过抽象概念化和主动实验来学习。在工程技术类课程中，聚合型学习者能够运用所学知识解决实际问题，展现出较强的实践能力。第四种是顺应型（Accommodating）学习风格，他们喜欢通过具体经验和主动实验来学习，乐于亲身体验和尝试新事物。在野外考察、实验操作等实践活动中，顺应型学习者能够充分发挥自身优势，积极探索新知识。另一个重要的学习风格理论是费尔德 – 西尔弗曼（Felder – Silverman）学习风格模型，它从四个维度对学习风格进行分类。在感知维度上，分为感觉型和直觉型。感觉型学习者更关注具体事实和细节，喜欢通过实际例子来学习；直觉型学习者则更倾向于理解抽象概念和理论，善于发现事物之间的关系和规律。在输入维度上，分为视觉型和听觉型。视觉型学习者通过图像、图表、文字等视觉信息学习效果更好；听觉型学习者则更适合通过听讲、讨论等听觉方式获取知识。在处理维度上，分为主动型和反思型。主动型学习者喜欢通过与他人合作、实践操作等方式学习；反思型学习者则更愿意独自思考、总结归纳。在理解维度上，分为序列型和整体型。序列型学习者按照线性顺序逐步学习，能够系统地掌握知识；整体型学习者则倾向于从整体上把握知识，然后再深入细节④。

（二）学习需求的数据化分析

在数据收集阶段，需要全面获取与学习者相关的各类信息。学习成绩数据是重要的组成部分，包括课堂测验、考试、作业等成绩，通过分析这些数据可以了解学习者对知识的掌握程度和学习进展。例如，通过对某学生数学学科各章节测验成绩的分析，可以发现其在函数部分的成绩较低，从而推断出该学生在函数知识的学习上可能存在困难。学习行为数据也不容忽视，如学习者在学习平台上的学习时长、学习频率、页面浏览记录、互动参与情况等。如果一个学习者在某一课程的视频讲解部分停留时间较长，且多次重复观看，可能表示该部分内容对他来说较难理解，是其学习需求所在。此外，学习者的兴趣爱好、职业规划等数据也能为学习需求分析提供有价值的信息。比如，一个对计算机编程有浓厚兴趣且希望从事相关职业的学习者，可能对编程语言、算法设计等方面的知识有更高的学习需求。

在收集到大量数据后，需要运用合适的数据分析方法来挖掘其中的信息。描述性统计分析可以对数据进行初步的整理和概括，如计算成绩的平均分、中位数、标准差等，了解学习者整体的学习水平和成绩分布情况。相关性分析则可以

---

④ 邬明音.高校图书馆共创型展览［M］.北京：新华出版社，202309.149.

研究不同变量之间的关系，例如分析学习时长与学习成绩之间的相关性，判断学习投入时间对学习效果的影响。聚类分析可以将具有相似学习特征和需求的学习者分为不同的群体，以便为每个群体制定针对性的学习策略。例如，通过聚类分析可以将学习成绩较差且学习积极性不高的学习者归为一类，为他们设计专门的激励和辅导方案。学习需求的数据化分析是一个动态的过程，需要不断更新和完善数据。随着学习者的学习进展和环境变化，其学习需求也会发生相应的改变。因此，要定期对数据进行收集和分析，及时调整个性化学习路径，以确保始终满足学习者的实际需求。

（三）学习资源的动态匹配

在学习资源的分类方面，有多种方式。从资源的形式上看，包括文本资源，如教材、课件、学术论文等；视频资源，如教学视频、实验演示视频等；音频资源，如在线讲座、有声读物等；以及虚拟仿真资源，如模拟实验、虚拟场景等。不同形式的资源具有不同的特点和优势，适合不同学习风格的学习者。例如，视觉型学习者可能更倾向于文本和视频资源，而听觉型学习者则对音频资源更感兴趣。从资源的内容上看，可分为基础知识资源、拓展知识资源和应用实践资源。基础知识资源用于帮助学习者掌握学科的基本概念和原理；拓展知识资源则可以满足学习者对知识深度和广度的进一步探索需求；应用实践资源则侧重于培养学习者将知识应用于实际的能力。为了实现学习资源的动态匹配，首先需要建立一个丰富多样的学习资源库。这个资源库应涵盖各个学科、各个层次的学习资源，并且要不断更新和补充，以保证资源的时效性和实用性。同时，对资源库中的资源进行详细地标注和分类，以便能够快速准确地检索和匹配。

例如，为每一个学习资源标注适用的学科、知识点、难度级别、学习风格类型等信息。基于学习者的学习风格和学习需求数据，利用智能算法对学习资源进行筛选和推荐。对于具有发散型学习风格且对历史学科有深入探究需求的学习者，系统可以推荐一些包含不同观点和解读的历史研究论文、纪录片等拓展资源；对于感觉型学习风格且处于基础知识学习阶段的学习者，则推荐一些图文并茂、案例丰富的教材和课件。在匹配过程中，还要考虑学习者的学习进展情况。如果学习者在某一知识点上已经掌握得较好，就可以减少相关基础知识资源的推荐，转而提供更具挑战性的拓展和应用资源。

二、个性化学习路径的设计方法

（一）基于学习行为数据的路径规划

学习行为数据蕴含着丰富的信息，能够精准反映学习者在学习过程中的习惯、偏好和进展情况。这些数据来源于多个渠道，如在线学习平台记录的学习者操作日志、课堂互动表现、作业完成情况等。在线学习平台是获取学习行为数据的重要来源。学习者在平台上的每一次点击、浏览、停留时间等操作都会被记录下来。例如，学习者在某个知识点页面的停留时间较长，可能表示该知识点对其来说较难理解，需要花费更多时间去学习；而频繁跳过某些内容，则可能意味着学习者认为这些内容已经掌握或者缺乏吸引力。

通过对这些数据的分析，可以了解学习者的学习节奏和重点关注领域。课堂互动表现也是重要的学习行为数据。积极参与课堂讨论、提问的学习者，往往具有较强的学习主动性和探索精神；而那些较少参与互动的学习者，可能需要更多的引导和鼓励。教师可以通过记录学生在课堂上的发言次数、回答问题的准确率等数据，来评估学生的学习状态和参与度。基于这些学习行为数据，可以进行精准的路径规划。对于学习进度较快、理解能力较强的学习者，可以提供更具挑战性的拓展学习内容，如深入的学术研究、实际案例分析等；而对于学习进度较慢、在某些知识点上存在困难的学习者，则可以安排更多的基础练习和详细讲解，帮助他们巩固知识。同时，根据学习者的学习偏好，如喜欢通过视频学习还是文本学习，为其推荐合适的学习资源。

（二）基于能力评估的学习目标设定

准确评估学习者的能力水平，是设定合理、可行学习目标的前提。能力评估涵盖多个方面，包括知识掌握程度、技能水平、思维能力等。知识掌握程度的评估可以通过多种方式进行。传统的考试和测验是常见的评估手段，通过对学习者在各个知识点上的答题情况进行分析，了解其对知识的理解和掌握程度。技能水平的评估则需要结合实际操作和应用。对于技能类课程，如编程、绘画、音乐演奏等，可以通过实际操作测试来评估学习者的技能熟练程度。

在编程课程中，让学习者完成一个编程项目，观察其代码的编写效率、质量和创新性，评估其编程技能水平。思维能力的评估相对较为复杂，包括逻辑思维、创新思维、思辨思维等方面。可以通过解决问题的任务、案例分析、小组讨论等方式来评估学习者的思维能力。基于能力评估的结果，为学习者设定具体、明确、可衡量的学习目标。学习目标应该与学习者的能力水平相匹配，既不能过高，导致学习者无法完成而产生挫败感；也不能过低，使学习者缺乏挑战性而失去学习动力。对于能力较强的学习者，可以设定具有一定难度和深度的学习目标，如掌握高级知识和技能、进行创新性研究等；对于能力较弱的学习者，则可以设定较为基础和循序渐进的学习目标，如掌握基础知识、提高基本技能等。

（三）基于反馈机制的路径优化

在大数据时代的高校大学生管理中，个性化学习路径的优化离不开多元反馈信息的收集与整合。这些反馈信息不仅来源于学习者的自我反馈，还涵盖教师的评价反馈以及学习系统的数据分析反馈。学习者通过填写学习日志、参与问卷调查等方式，能够直接表达他们在学习过程中的感受、困惑和需求，为学习路径的优化提供第一手资料。同时，教师的评价反馈也是至关重要的，他们基于专业判断，能够指出学生在某些方面的能力欠缺或进步空间，为学习路径的调整提供方向。此外，学习系统通过数据分析，能够揭示学习者的学习规律和潜在问题，如学习时间分布、学习进度快慢、答题正确率等，为学习路径的优化提供数据支持。通过整合这些多元反馈信息，高校可以形成对学习者的全面认知，为后续的学习路径优化奠定基础。

在收集到多元反馈信息后，高校需要进行深度分析，以识别学习路径中存在的问题。对于学习者的自我反馈，高校可以运用文本挖掘、情感分析等技术，提炼出关键信息和情感倾向，了解学习者的真实需求和期望。对于教师的评价反馈，高校可以将其与学生的学习数据进行关联分析，找出学生在哪些具体知识点或技能上存在不足。对于学习系统的数据分析反馈，高校可以运用统计学方法和机器学习算法，挖掘出学习者的学习规律和潜在问题，如学习进度是否偏离正常轨迹、答题正确率是否持续下降等。通过深度分析反馈信息，高校能够精准定位学习路径中的问题所在，为后续的优化措施提供科学依据。

基于反馈信息的深度分析，高校可以对个性化学习路径进行针对性调整与优化。对于学习者反馈学习资源不适合自己学习风格的情况，高校可以运用推荐算法，为学习者匹配更符合其学习风格和需求的资源。对于教师评价学生在某些方面能力有待提高的情况，高校可以在学习路径中增加相应的训练内容或辅导环节，帮助学生提升相关能力。对于学习系统数据分析发现的学习进度过慢或过快的问题，高校可以调整学习任务的难度和数量，确保学习路径与学习者的能力和需求相匹配。此外，高校还可以根据反馈信息的动态变化，对学习路径进行持续优化，确保学习者始终能够在最适合自己的学习路径上前进，实现个性化学习和全面发展的目标。

三、个性化学习路径的实施策略

（一）学习资源的智能推荐

在大数据时代的高校大学生管理中，学习资源的智能推荐首先依赖于对学习者数据的深度挖掘与分析。通过学习平台，能收集到学生的登录时间、浏览历史、作业完成情况、测试成绩等多维度数据。这些数据不仅反映了学生的学习行为和习惯，还蕴含了其学习兴趣和潜在需求。例如，通过分析学生的浏览历史，能发现学生对哪些学科或主题感兴趣，从而为其推荐相关的学习资源。这种深度挖掘与分析为学习资源的个性化推荐提供了坚实基础。为了更精准地满足学生的学习需求，通过运用协同过滤算法来实现学习资源的智能推荐。协同过滤算法基于"人以群分"的理念，通过分析具有相似学习行为和特征的学生群体，来为目标学生推荐可能感兴趣的学习资源。例如，当发现一组学生在学习某一课程时都对特定的拓展资料表现出浓厚兴趣，那么对于表现出相似学习轨迹的学生，系统就可以利用协同过滤算法将这些资料推荐给他们。这种推荐方式不仅考虑了学生的学习兴趣，还参考了群体行为，从而提高了推荐的准确性和相关性，有助于提升学生的学习体验和效果。

除了协同过滤算法，内容推荐算法也是实现学习资源智能推荐的重要手段。该算法侧重于根据学习资源的内容特征与学生的实际需求进行精准匹配。例如，对于一篇关于特定学科主题的学习资料，内容推荐算法会深入分析其主题、知识点、难度等内容特征，然后与学生的学习历史、目标和进度进行对比，从而为其推荐最适合的学习资源。这种推荐方式不仅考虑了学习资源的内容质量，还充分考虑了学生的个性化学习路径，有助于帮助学生构建更加系统、全面的知识体系。通过将内容推荐算法与个性化学习路径相融合，可以为每个学生提供量身定制的学习资源推荐，促进其个性化发展。

（二）学习进度的动态调整

在大数据时代的高校大学生管理中，学习进度的动态调整是确保个性化学习路径有效实施的关键。学习者的能力水平是制定初始学习进度规划的首要依据。通过对学生初始能力的全面评估，可以深入了解其在不同知识点上的掌握程度和学习潜力。以数学学科为例，学生的代数基础可能扎实，而几何理解则相对薄弱。针对这种差异，学习进度的安排应灵活调整：对于代数部分，可以适度加快进度，引入更具挑战性的学习内容和练习，以激发学生的探索欲和成就感；而在几何部分，则需放慢脚步，加强基础训练，确保学生扎实掌握基本概念和解题技巧。这种基于能力水平的初始进度规划，有助于实现因材施教，为每位学生量身定制最适合的学习路径。

学习过程中的表现以及学习目标的变化，同样是动态调整学习进度的重要依据。通过观察学生在课堂参与、作业完成、测试等方面的具体表现，可以实时掌握其学习状态和学习效果。当学生作业完成质量高、测试成绩优异时，表明其对当前学习内容掌握良好，此时可适当加快学习进度，引入新的知识点或增加学习难度，以促进学生能力的进一步提升。反之，若学生频繁出现作业错误、测试成绩不理想，则应及时放慢进度，对相关知识点进行再次讲解和巩固，确保学生真正理解和掌握。

随着学习过程的深入，学生的学习目标也可能会发生变化。例如，学生可能从最初的基础课程学习，逐渐转向对某一领域的深入探索和专业提升。这种目标导向的变化，要求学习进度必须随之动态调整。学校应密切关注学生的学习动态和目标变化，及时调整学习路径和进度安排，确保学生能够按照个人兴趣和需求，高效、有序地完成学习任务，实现个性化发展。在大数据时代，通过数据分析技术，可以更加精准地捕捉学生的学习表现和目标变化，为学习进度的动态调整提供有力支持。

（三）学习效果的持续评估

在大数据时代的高校大学生管理中，学习效果的持续评估是确保教学质量和学生个性化发展的关键。为了全面、客观地评估学习效果，需要构建多维度评估体系。这一体系应涵盖知识掌握程度、技能发展水平以及学习态度和方法等多个方面。知识掌握程度是最基础的评估维度，通过定期的测验、考试等方式，可以系统地考查学习者对所学知识点的理解和记忆情况。技能发展水平则针对不同学科和领域，评估学习者在特定技能上的掌握和应用能力。此外，学习态度和方法也是评估的重要内容，它们直接影响学习者的学习效率和成果。通过观察学习者的学习积极性、主动性、创造性等方面的表现，可以评估其学习态度的优劣；而通过对其学习方法的观察和反馈，可以指导其优化学习策略，提高学习效率。

为了更准确地评估学习效果，需要采用多样化的评估方式，并将其有机融合。形成性评估贯穿于学习过程的始终，通过课堂提问、作业批改、小组讨论等方式，及时收集学习者的学习反馈，了解他们的学习进展和存在的问题。这种评估方式有助于教师及时调整教学策略，帮助学习者纠正错误，提高学习效果。总结性评估则在学习阶段结束时进行，如期末考试、课程结业考核等，通过全面评估学习者在该阶段的学习成果，检验其是否达到了预期的学习目标。除了传统的测验和考试，还可以利用大数据技术，对学习者的学习行为数据进行深入分析，如学习时间分布、资源访问频率等，从而更全面地评估其学习效果。

评估结果的及时反馈是学习效果持续评估的重要环节。通过向学习者提供详细的评估报告，让他们了解自己的知识掌握情况、技能发展水平以及学习态度和方法上的优缺点，从而激发其自我反思和改进的动力。同时，教师也可以根据评估结果，对教学策略进行针对性调整，为学习者提供更加个性化的教学支持。在反馈评估结果的基础上，还可以进一步对学习路径进行优化。对于知识掌握不牢固的学习者，可以加强相关知识点的复习和巩固；对于技能发展不足的学习者，可以提供更多的实践机会和辅导资源；对于学习态度和方法不当的学习者，则可以引导其调整学习策略，培养积极的学习态度。通过持续评估与路径优化，可以确保学习者在个性化学习路径上不断进步，实现全面发展。

第三节 学业预警及帮扶机制的数据化构建

学生在学业过程中可能会遇到各种困难和挑战，若不能及时发现和解决，可能会影响学业进展。学业预警及帮扶机制的数据化构建具有重要意义。通过大数据技术，可建立科学的预警指标体系和模型，实时监测学生的学业风险。一旦发现学生出现学业问题，能迅速发出预警信号，并依据学生的具体情况精准匹配帮扶资源。数据化的构建使得预警更及时、帮扶更精准，形成一个高效的学业支持系统，帮助学生克服困难，顺利完成学业。

一、学业预警机制的数据化设计

（一）预警指标的选取与量化

学业预警机制的数据化设计中，预警指标的选取与量化是基础且关键的环节。合理的预警指标能够精准反映学生的学业状况，为后续的预警工作提供可靠依据。在选取预警指标时，需要综合考虑多方面因素。课程成绩是最直接、最重要的指标之一。不仅要关注期末总成绩，还应考虑平时成绩，包括课堂表现、作业完成情况、测验成绩等。学习进度也是不可忽视的指标。对于一些具有阶段性学习任务的课程，如实践课程、项目式学习课程，学生是否按时完成各个阶段的任务至关重要。如果学生在某个阶段的任务上出现严重滞后，可能会影响整个课程的学习效果，甚至导致后续学习无法顺利进行。确定了预警指标后，需要对其进行量化处理。对于课程成绩，可以设定具体的分数区间作为不同预警等级的划分标准。例如，当某门课程的成绩低于 60 分时，发出一级预警；成绩在 60 - 70 分之间，发出二级预警。对于学习进度，可以根据任务的完成比例进行量化。如规定某个实践项目在特定时间节点的完成比例应达到 50%，若学生的完成比例低于该标准，则发出预警。

（二）预警模型的构建与优化

构建预警模型首先需要收集大量的学生学业数据，包括前面选取并量化的各项预警指标数据，以及学生的基本信息、家庭背景等相关数据。这些数据是模型训练的基础，数据的准确性和完整性直接影响模型的性能。选择合适的建模方法至关重要。常见的建模方法有统计分析方法和机器学习方法。统计分析方法如逻辑回归、判别分析等，通过对数据进行统计分析，建立指标与学业风险之间的关系模型。机器学习方法如决策树、神经网络等，具有更强的非线性拟合能力，能够处理复杂的数据关系。在构建模型时，要进行数据的预处理。包括数据清洗，去除异常值和缺失值，保证数据的质量；数据标准化，将不同指标的数据进行统一的尺度转换，使模型能够更好地处理数据。构建好初始模型后，需要对其进行优化。优化的过程主要是通过调整模型的参数和结构，提高模型的准确性和泛化能力。可以采用交叉验证的方法，将数据集分为训练集和测试集，在训练集上训练模型，在测试集上评估模型的性能。根据评估结果不断调整模型的参数，如决策树的深度、神经网络的层数等。

（三）预警信息的实时推送

实现预警信息的实时推送，需要建立高效的信息推送系统。该系统应与预警模型进行无缝对接，当预警模型检测到学生的学业风险达到预警标准时，能够立即触发信息推送流程。推送的对象包括学生本人、家长和教师。对于学生本人，及时的预警信息能够让他们清楚地了解自己的学业状况，认识到存在的问题，从而主动调整学习策略。例如，通过短信、APP 消息等方式向学生发送预警通知，告知他们具体的预警指标和可能面临的学业风险，并提供相应的改进建议。向家长推送预警信息能够让家长及时了解孩子的学业情况，加强家校沟通与合作。可以通过家长微信群、电子邮件等方式将预警信息发送给家长，并附上学生的详细学业数据和分析报告，以便家长更好地与孩子沟通，共同制定帮扶计划。教师是实施帮扶措施的关键人物，及时获取预警信息能够让他们有针对性地对学生进行辅导和支持。可以在学校的教学管理系统中设置预警信息提醒功能，当有学生出现预警情况时，教师能够在第一时间收到通知，并查看学生的详细信息和预警分析结果。

二、学业帮扶机制的数据化支持

（一）帮扶对象的数据化识别

在高校大学生管理中，课程成绩是评估学生学习成效的重要指标。通过大数据技术对课程成绩数据进行深度挖掘，可以揭示出学生在不同学科领域的表现差异和潜在的学习问题。对于那些连续多门课程成绩不佳或某门课程成绩大幅下滑的学生，可以利用这些数据作为识别学业困难学生的依据。这种基于数据的识别方式比传统的人工判断更加客观和精准，有助于高校管理者及时介入，为这些学生提供个性化的学业辅导和支持，从而提升他们的学习成绩和学业表现。

考勤情况直接反映了学生的学习态度和投入程度。在高校大学生管理中，通过大数据技术对考勤数据进行综合分析，可以实时监测学生的学习状态。频繁缺勤或迟到的学生往往表现出较低的学习动力和参与度，这可能会对他们的学业产生负面影响。通过对考勤数据的监测和分析，高校管理者可以及时发现这些潜在问题，并与学生进行沟通和交流，了解他们缺勤或迟到的具体原因，从而采取针对性的措施来帮助他们改善学习状态，提高学习效率。

作业是检验学生学习效果的重要手段。在高校大学生管理中，通过大数据技术对作业完成质量进行细致评估，可以了解学生对课堂知识的掌握程度和应用能力。作业错误率高、经常拖欠作业的学生可能在学习上存在理解困难或缺乏学习动力。通过对作业数据的分析，高校管理者可以及时发现这些学习问题，并与教师进行教学反馈，共同调整教学策略和方法，以满足不同学生的学习需求。同时，这种细致的作业评估也有助于教师了解学生的学习进度和困难，为他们提供更加个性化的指导和支持。

（二）帮扶资源的精准匹配

1. 数据驱动的分类识别与资源定位

在大数据技术的支持下，高校大学生管理中的帮扶对象能够被更加细致和精准地分类识别。通过对帮扶对象的学习成绩、学习行为、兴趣爱好等多维度数据的分析，可以将其划分为不同类型的学习困难者，如知识掌握不足型、学习方法不当型、学习态度不端正型等。这种分类识别有助于深入理解学生的学习状况，并为后续的帮扶资源定位提供科学依据。基于分类结果，可以为不同类型的学生匹配最适合的帮扶资源。例如，知识掌握不足型的学生可以获得学科知识辅导，如优秀教师的一对一辅导服务或针对性的学习资料和在线课程；学习方法不当型的学生则可以参与学习策略培训，通过专题讲座、工作坊等活动学习高效的学习方法和经验；学习态度不端正型的学生则可能需要心理辅导，通过专业的心理咨询或励志教育资源调整心态，增强学习动力。

2. 个性化资源配置与动态调整机制

高校大学生管理中的帮扶资源配置需实现个性化，以满足不同学生的独特需求。借助大数据技术，可以根据帮扶对象的具体需求和特征，为其量身定制帮扶资源包。这些资源包可能包括一对一辅导、在线课程、专题讲座、心理辅导等多种形式。同时，帮扶资源的配置还需根据学生的学习进展和反馈进行动态调整。例如，随着学生对学科知识的掌握程度提高，可以逐渐减少学科知识辅导的比重，增加学习策略培训和心理辅导的内容。这种动态调整机制有助于确保帮扶资源始终与学生的学习需求相匹配，提高帮扶效果。

3. 匹配模型的构建与持续优化

为了实现帮扶资源与帮扶对象的精准匹配，高校可以构建匹配模型。该模型将综合考虑学生的各种特征和需求，以及帮扶资源的特点和适用范围，通过算法计算得出最优的匹配方案。在构建匹配模型的过程中，需要收集和分析大量的学生数据和帮扶资源数据，运用机器学习、数据挖掘等先进技术进行模型训练和优化。随着数据的不断积累和技术的不断进步，匹配模型需要持续优化，以提高其准确性和可靠性。通过实时监测匹配效果，收集用户反馈，可以对模型进行迭代更新，使其更加适应不同学生的学习需求和变化。这种持续优化机制有助于确保匹配模型始终保持高效运作，为高校大学生管理提供有力支持。

（三）帮扶效果的量化评估

1. 构建全面的评估指标体系

在大数据时代的高校大学生管理中，为了全面、客观地评估帮扶效果，需要构建一套全面的评估指标体系。这一体系应涵盖多个维度，以全面反映学生在学业成绩、学习态度和行为、学习信心和自我效能感等方面的变化。

学业成绩的提升情况是评估帮扶效果的最直观指标。通过对比帮扶前后学生的课程成绩提高幅度和考试排名变化，可以量化地评估帮扶措施对学生学业成绩的直接影响。这些成绩数据不仅反映了学生对知识的掌握程度，也体现了帮扶措施的有效性。

学习态度和行为的改善情况同样重要。通过观察学生的考勤率、作业完成质量和学习主动性的变化，可以评估帮扶措施对学生学习习惯和态度的间接影响。例如，考勤率的提高可能意味着学生更加重视学习，作业完成质量的提升则可能表明学生掌握了更有效的学习方法。学生的学习信心和自我效能感也是评估帮扶效果的重要指标。通过问卷调查等方式，可以了解学生在帮扶过程中的心理变化，评估帮扶措施对学生心理层面的积极影响。

2. 基于量化评估的动态调整机制

在构建全面的评估指标体系后，高校还需要建立基于量化评估的动态调整机制，以确保帮扶工作的持续优化和效果提升。

一方面，应定期对帮扶对象进行学业测试，对比帮扶前后的成绩，计算成绩提升的百分比，以此作为评估帮扶效果的重要依据。同时，结合学生在日常学习中的表现，对学习态度和行为指标进行量化评分，形成更加全面的评估结果。另一方面，利用统计分析方法，分析各项指标之间的相关性，揭示帮扶措施在不同方面对学生产生的综合影响。例如，学业成绩的提升可能与学习态度和行为的改善密切相关，而学习信心的增强则可能进一步促进学业成绩的提高。

基于量化评估结果，高校应及时调整帮扶策略。如果帮扶效果不明显，应深入分析原因，可能是帮扶资源匹配不当、帮扶方法不适合等。针对这些问题，高校可以重新调整帮扶资源和方法，加大或改变帮扶力度，确保帮扶工作能够精准对接学生的实际需求，取得更好的效果。这种动态调整机制有助于高校在大数据时代下，更加科学、有效地进行大学生管理。

三、学业预警与帮扶的协同机制

（一）预警与帮扶的联动机制

学业预警与帮扶的联动机制是保障学生学业顺利进展的关键。预警系统犹如敏锐的探测器，能够及时察觉学生学业中的潜在风险；帮扶措施则像精准的修复工具，在发现问题后迅速介入，解决学生的学业难题。预警信息一旦生成，需立即触发相应的帮扶流程。以学生某门课程成绩连续下滑为例，预警系统发出信号后，教学管理部门要第一时间将信息传递给辅导员和授课教师。辅导员迅速与学生沟通，了解其学习状态、生活情况等，判断成绩下滑是由于学习方法不当、家庭因素还是心理压力所致。

授课教师则根据课程特点和学生的课堂表现，为学生制定个性化的学习计划，如安排额外的辅导课程、提供针对性的学习资料等。同时，帮扶过程中的反馈信息要及时回流到预警系统。若在帮扶过程中发现学生的问题并非最初预警所判断的那样，或者帮扶措施效果不佳，预警系统可根据新的信息重新评估学生的学业风险，调整预警等级，并为后续帮扶提供更准确的方向。这种双向的联动机制确保了预警与帮扶形成一个有机的整体，能够高效地应对学生的学业问题。

（二）多部门协同的数据共享

学业预警与帮扶涉及多个部门，如教学部门、学生管理部门、后勤部门等。实现多部门协同的数据共享，能够打破信息壁垒，整合各方资源，为学生提供更全面、有效的支持。教学部门掌握着学生的课程成绩、学习进度等核心学业数据，学生管理部门则拥有学生的日常行为表现、心理状态等信息，后勤部门了解学生的生活情况。这些数据分散在不同部门，只有实现共享，才能全面了解学生的状况。其中，建立统一的数据平台是实现数据共享的关键。各部门将相关数据录入平台，同时根据权限设置，不同部门可以获取和使用与自身工作相关的数据。数据共享还需要建立严格的数据安全和保密制度。确保学生的个人信息不被泄漏，保障数据的准确性和完整性[5]。

（三）预警帮扶的闭环管理

在大数据时代的高校大学生管理中，学业预警系统的建立至关重要。当预警系统捕捉到学生学业风险信号时，如成绩下滑、出勤率低等，应立即触发帮扶流程。此时，相关人员需迅速响应，根据预警信息制定具体、可行的帮扶方案。帮扶方案应针对学生的具体学业问题，结合其学习风格、能力水平及实际需求进行个性化设计。例如，对于成绩下滑的学生，可以安排一对一辅导、提供额外的学习资源或调整课程难度等；对于出勤率低的学生，可以通过家校沟通、心理辅导或调整课程安排等方式帮助其改善学习状态。帮扶方案的制定需确保科学、合理，为后续的帮扶工作奠定坚实基础。

帮扶方案实施后，需对学生的学习情况进行持续跟踪监测，以及时了解帮扶措施的执行效果。这包括定期查看学生的学业成绩、出勤记录、作业完成情况等，以及通过面谈、问卷调查等方式收集学生的反馈意见。通过对这些数据的综合分析，可以评估帮扶措施是否有效，是否达到了预期目标。如果帮扶效果显

⑤ 朱军文.我国高校海外人才引进政策变迁与改革研究［M］.上海:上海交通大学出版社,202306.183.

著，学生的学业成绩明显提升，学习态度积极转变，那么可以考虑逐步减少帮扶力度，让学生逐渐自主管理学习。然而，如果帮扶效果不佳，学生学业问题仍未得到明显改善，那么就需要深入分析原因，是帮扶方案本身存在问题，还是学生自身存在特殊情况。这一环节是闭环管理的核心，通过科学、客观的评估，为后续的调整和改进提供依据。

基于帮扶效果的评估结果，需及时进行反馈改进。对于帮扶过程中存在的问题和不足，如帮扶方案不合理、执行力度不够等，应及时调整和优化。这包括重新制定帮扶方案、加强执行力度、引入新的帮扶措施等。需要对预警指标进行审视和优化。如果发现某类预警指标不能准确反映学生的学业风险，或者存在误报、漏报等情况，就应对其进行修正和完善。还需建立长效的反馈机制，鼓励师生积极参与，共同推动预警帮扶机制的持续改进。通过不断地循环改进和优化，使预警帮扶机制更加科学、完善，能够更好地适应不同学生的学习需求和发展变化，为学生的学业发展提供更加有力的保障。

第六章　数据在高校学生生活管理中的应用及探索

在当今数字化时代，大数据技术如同强劲的引擎，为各领域带来了前所未有的变革与发展机遇，高校学生生活管理领域亦不例外。大数据蕴含着海量信息，能为高校精准把握学生生活状态、优化管理策略提供有力支撑。本章聚焦大数据在高校学生生活管理中的应用与探索，旨在深入挖掘大数据价值，借助其强大分析能力，提升学生宿舍、校园安全以及学生活动等方面的管理水平，为高校营造更优质、高效、安全的学生生活环境。

第一节　学生宿舍管理的数据化及智能化

随着高校规模的不断扩大和学生数量的急剧增加，学生宿舍管理工作日益繁重复杂，传统的人工管理模式已难以满足现代高校管理的需求。学生宿舍作为学生日常生活和学习的重要场所，其管理水平直接关系到学生的生活质量和学校的整体形象。因此，探索学生宿舍管理的数据化及智能化路径，已成为高校管理改革的重要方向。学生宿舍管理工作涉及宿舍分配、住宿管理、设施维护、安全监管等多个方面，数据量庞大且信息更新频繁。传统的人工记录和管理方式不仅效率低下，而且容易出现错误和遗漏，难以满足现代高校管理的精确性和实时性要求。通过引入数据化及智能化管理技术，可以实现对宿舍信息的全面、准确、实时管理，提高管理效率和质量。随着信息技术的不断发展和普及，学生宿舍管理的数据化及智能化已成为可能。物联网、大数据、云计算等技术的广泛应用，为学生宿舍管理提供了强大的技术支撑。通过这些技术手段，可以实现宿舍信息的自动化采集、处理和分析，为管理者提供更加便捷、高效的管理工具和服务。

一、宿舍管理数据的采集与整合

（一）宿舍出入记录的数据化

传统的宿舍出入管理多依赖于人工登记，这种方式效率低下，且容易出现信息误差。而通过现代信息技术手段实现宿舍出入记录的数据化，则能有效提升管理的准确性和便捷性。高校可以利用智能出入系统来采集学生的宿舍出入信息。系统能够快速准确地记录学生进出宿舍的时间、身份等信息。这些信息会实时传输到数据管理平台，形成详细的出入记录数据库。通过对这些数据的分析，宿舍管理人员可以了解学生的日常作息规律。例如，对于经常晚归或早出的学生，管理人员可以及时进行关注和沟通，了解其原因，确保学生的安全和正常生活秩序。同时，宿舍出入记录的数据化还能为学校的安全管理提供有力支持。在发生紧急情况时，如火灾、地震等，管理人员可以通过查看出入记录，快速确定宿舍内的人员情况，为救援工作提供准确的信息。此外，对于外来人员的出入管理也能更加严格和规范。外来人员进入宿舍需要进行登记和身份验证，其出入记录同样会被纳入数据管理系统，便于后续的查询和监管。

（二）宿舍设备使用数据的采集

为了实现宿舍设备使用数据的有效采集，学校可以在宿舍内安装智能电表、智能水表以及各类设备传感器。智能电表能够实时监测宿舍的用电情况，包括用电量、用电时间、用电功率等信息。通过对这些数据的分析，学校可以了解学生的用电习惯，例如哪些时段用电高峰，哪些设备是用电大户等。这有助于学校制定合理的用电政策，引导学生节约用电。对于用电量过高的宿舍，可以进行提醒和教育，促进学生养成良好的用电习惯。智能水表则可以采集宿舍的用水数据，包括用水量、用水时段等。通过对用水数据的分析，学校可以发现是否存在漏水等异常情况。如果某个宿舍的用水量在一段时间内持续异常偏高，可能意味着该宿舍存在漏水问题，学校可以及时安排维修人员进行检查和维修，避免水资源的浪费。各类设备传感器可以采集宿舍内设备的运行状态数据。例如，空调传感器可以监测空调的温度、湿度、运行模式等信息。通过对这些数据的分析，学校可以了解空调的使用效率，及时发现空调是否存在故障。如果空调的运行参数出现异常，系统可以自动发出警报，提醒维修人员进行检修，确保设备的正常运行。此外，宿舍设备使用数据的采集还能为学校的设备采购和更新提供参考依据。通过对设备使用频率和寿命的分析，学校可以合理规划设备的采购计划，避免过度采购或设备老化带来的问题。

（三）宿舍生活行为的数据分析

对宿舍内的噪声数据进行分析可以了解学生的作息情况和社交活动情况，在宿舍内安装噪声传感器，实时监测宿舍内的噪声水平。如果某个宿舍在夜间经常出现高分贝噪声，可能意味着该宿舍的学生作息不规律，影响到其他学生的休息。学校可以通过数据分析找出这些宿舍，并及时与学生进行沟通和教育，引导学生遵守宿舍作息规定。同时，对噪声数据的长期分析还可以了解学生的社交活动规律，例如在哪些时间段学生的社交活动较为频繁，这有助于学校合理安排宿舍文化活动的时间。分析宿舍内的卫生情况数据也是宿舍生活行为分析的重要内容。可以通过定期的卫生检查和安装在宿舍内的环境传感器来采集卫生情况数据。环境传感器可以监测宿舍内的空气质量、湿度、灰尘含量等指标。通过对这些数据的分析，学校可以了解各个宿舍的卫生状况。对于卫生状况较差的宿舍，学校可以加强教育和督促，引导学生养成良好的卫生习惯[①]。

二、宿舍管理的智能化应用

（一）智能门禁系统的数据支持

在大数据时代的高校大学生管理中，智能门禁系统通过先进的身份识别技术，如刷卡、指纹识别、人脸识别等，实现了对进出宿舍人员的精准身份验证。这一功能不仅提高了宿舍管理的安全性，也为数据的实时采集提供了基础。每一次人员进出，系统都会详细记录时间、身份等信息，并将这些数据实时传输至数据管理中心。这些数据的实时性和准确性，为高校大学生管理提供了宝贵的实时

① 谢翠蓉，兰甲云.编辑素养与学术传播研究［M］.湖南：湖南大学出版社，202305.195.

数据支持，使得管理人员能够及时了解宿舍的出入情况，为安全管理决策提供依据。

通过对门禁数据的长期收集和分析，智能门禁系统能够清晰地呈现出学生的日常活动模式。这些数据不仅反映了学生的作息规律，还能揭示出潜在的异常行为。例如，对于深夜外出、长时间未归等异常情况，系统会自动标记并生成预警信息，提醒管理人员及时跟进，确保学生的安全。这种基于数据的预警机制，极大地提高了高校大学生管理的效率和精准度，使得管理人员能够及时发现并处理潜在的安全隐患。同时，智能门禁系统的数据还能用于评估宿舍的承载能力，为未来的宿舍规划和建设提供依据。例如，通过分析门禁数据，学校可以了解某个宿舍楼的人员流量情况，从而判断是否需要扩建或调整宿舍分配方案。

智能门禁系统不仅适用于学生管理，还能有效管理外来人员的进出。外来人员进入宿舍需要进行临时登记和身份验证，系统会记录其进入和离开的时间，以及访问的宿舍信息。通过对这些数据的分析，管理人员可以评估外来人员的活动规律和对宿舍安全的潜在影响。例如，如果发现某个外来人员频繁进入某一宿舍且停留时间过长，管理人员可以进一步调查，判断是否存在安全隐患，并采取相应的措施。此外，智能门禁系统的数据还能为高校提供外来人员管理的决策支持，帮助学校更好地控制宿舍的访问权限，确保宿舍的安全和秩序。

（二）宿舍安全的实时监控

在高校大学生管理中，宿舍安全是至关重要的一环。通过在宿舍内和公共区域安装高清监控摄像头，实现了对宿舍内人员活动和环境状况的 24 小时不间断记录。这些摄像头不仅能够捕捉清晰的画面，还能通过智能分析技术，对监控画面进行自动识别和分析。例如，利用行为分析算法，系统能够识别出人员的行为动作，及时发现并判断是否存在打架斗殴、违规用电等异常行为。一旦发现异常情况，监控系统会立即发出警报，并将相关视频片段保存下来，为后续的处理提供确凿的证据。这种实时监控和异常行为检测机制，有效提升了宿舍管理的安全性和响应速度，为高校大学生营造了一个更加安全的生活环境。

除了高清视频监控外，智能分析技术在宿舍安全的实时监控中也发挥着重要作用。通过结合智能分析算法，系统能够对监控画面进行深度解析，识别出潜在的安全隐患。例如，利用行为分析算法，系统可以检测到有人在宿舍内吸烟等危险行为，并自动发出警报通知管理人员进行处理。同时，通过对监控画面的持续分析，系统还能检测宿舍内的物品是否存在被盗或损坏的情况。如果发现物品的位置或状态发生异常变化，系统会及时发出预警，提醒管理人员进行核查。这种智能分析技术不仅提高了宿舍安全管理的精准度，还减轻了管理人员的工作负担，使得他们能够更加高效地应对各种安全问题。

为了实现宿舍安全的全面监测，除了视频监控外，还可以安装各类传感器来辅助监测。烟雾传感器能够实时监测宿舍内的烟雾浓度，一旦检测到烟雾超标，会立即触发火灾报警系统，并将信息发送给相关人员，确保火灾等紧急情况能够得到及时响应。温度传感器则用于监测宿舍内的温度变化，当温度异常升高时，可能意味着存在电气故障或其他安全隐患，系统会及时发出警报，提醒管理人员进行检查和处理。此外，还可以安装其他类型的传感器，如湿度传感器、振动传感器等，以实现对宿舍环境的多维度监测。这种多传感器融合的安全监测方式，能够全面提升宿舍安全管理的全面性和准确性，为高校大学生提供更加坚实的安全保障。

（三）宿舍资源的优化分配

在高校大学生管理中，宿舍资源的分配是一个关键环节。通过对学生信息和宿舍信息的大数据分析，可以制定更加科学合理的宿舍分配策略。具体而言，学校可以综合考虑学生的专业、年级、性别等因素，将具有相似生活习惯和需求的学生安排在同一宿舍。例如，将同专业的学生安排在一起，不仅可以方便他们进行学术交流和合作，还能促进学习上的互助和共同进步；将作息时间相近的学生安排在同一宿舍，则可以减少相互之间的干扰，提高住宿的舒适度和满意度。这种基于大数据分析的宿舍分配策略，有助于提升宿舍管理的效率和效果，为高校大学生创造一个更加和谐、宜居的生活环境。

宿舍设备资源的优化配置也是宿舍资源优化分配的重要一环。学校应根据宿舍的使用情况和学生的实际需求，合理配置各类设备。例如，对于人数较多的宿舍，可以适当增加桌椅、衣柜等家具的数量，以满足学生的基本生活需求；对于有特殊需求的学生，如需要使用电脑进行学习的学生，可以提供配备高性能电脑的宿舍，以满足他们的学习需求。此外，通过对设备使用数据的持续监测和分析，学校可以及时了解设备的使用频率和损坏情况，从而合理安排设备的维修和更新计划。这种动态的设备资源管理方式，有助于确保设备的正常运行和延长使用寿命，为高校大学生提供更加便捷、高效的生活和学习条件。

在大数据时代的背景下，高校大学生管理应注重宿舍资源使用效率的提升和评估。通过对宿舍资源使用数据的分析，可以了解宿舍资源的利用情况和存在的问题，从而采取相应的措施进行优化和改进。例如，如果发现某个宿舍楼的空置率较高，学校可以考虑调整宿舍分配策略，将空置房间分配给有需要的学生；如果发现某些设备的使用频率较低，学校可以考虑对这些设备进行重新配置或优化布局，以提高其使用效率。同时，学校还可以建立宿舍资源使用效率的评估体系，定期对宿舍资源的使用情况进行评估和反馈，为后续的优化和改进提供科学依据。

三、宿舍管理的数据化优化策略

（一）宿舍行为模式的识别与预测

利用安装在宿舍内的多种传感器和监控设备收集数据是基础。门禁系统记录学生进出宿舍的时间，为分析学生的作息规律提供依据。通过长期的数据积累，可以清晰地呈现出学生日常的起床、就寝时间，以及外出和返回宿舍的高峰时段。例如，发现部分学生经常在深夜返回宿舍，这可能暗示其存在熬夜社交或参与校外活动的情况。同时，智能电表记录的用电数据能够反映学生使用电器的习惯，如是否存在大功率电器违规使用的现象。如果某个宿舍在非空调使用季节出现用电功率异常升高，很可能是使用了违规电器。借助机器学习和数据挖掘算法则可以对收集到的数据进行分析处理，以识别行为模式。聚类算法可以将具有相似行为特征的学生群体进行分类。比如，将作息时间相近、用电习惯相似的学生归为一类，便于管理人员进行针对性管理。关联规则挖掘则能够发现不同行为之间的潜在联系。例如，发现经常晚归的学生在宿舍内的学习时间相对较少，这可能提示需要对这些学生的学习状态给予关注。

预测学生未来的行为模式对于提前采取管理措施至关重要。时间序列分析方法可以根据历史数据预测学生未来的作息时间。如果预测到某学生即将进入考试周，且其历史数据显示考试周前会延长学习时间，管理人员可以提前关注该宿舍的用电安全，确保学生在学习过程中的安全。通过建立行为预测模型，还可以预测学生可能出现的违规行为。例如，如果某个学生的行为模式显示其近期频繁在宿舍内使用大功率电器，模型可以预测其未来仍有较大可能继续违规，此时管理人员可以及时进行干预。行为模式的识别与预测结果还可以为个性化的管理服务提供支持。根据学生的不同行为模式，为其提供针对性的建议和指导。对于作息不规律的学生，可以提供睡眠健康知识和作息调整建议；对于经常使用违规电器的学生，可以加强安全教育和宣传。

（二）宿舍管理效率的提升路径

优化数据采集与整合流程是提升效率的基础。确保各类数据采集设备的正常运行和数据的准确传输。采用标准化的数据接口和格式，使不同来源的数据能够顺利整合到统一的管理平台。例如，将门禁系统、水电表系统和监控系统的数据进行整合，便于管理人员全面了解宿舍的情况。建立数据清洗和预处理机制，去除重复、错误和无效的数据，提高数据质量。同时，对数据进行分类和标注，方便后续的分析和查询。利用数据分析技术则为管理决策提供支持。通过对宿舍入住率、设备使用率等数据的分析，合理安排宿舍资源。如果某个宿舍楼的入住率较低，可以考虑进行资源整合或调整分配方案。对学生的违规行为数据进行分析，找出违规行为的高发区域和时间段，有针对性地加强管理。例如，发现某栋宿舍楼的某楼层在周末晚上违规用电现象较多，管理人员可以在该时段加强巡查。通过建立数据分析模型，预测宿舍管理中的潜在问题，提前制订应对措施。

另外，需要引入智能化管理系统和工具，实现管理流程的自动化和信息化。

采用在线报修系统，学生可以通过手机或电脑提交宿舍设备的报修申请，管理人员可以实时查看并安排维修人员进行处理，大大缩短了报修处理时间。利用智能排班系统，根据宿舍管理人员的工作经验、技能水平和工作时间等因素，合理安排值班和巡逻任务，提高人员利用效率。同时，智能化管理系统还可以实现信息的快速传递和共享，提高沟通效率。加强宿舍管理人员的培训和团队协作也是提升管理效率的关键。定期组织管理人员参加数据分析、智能化管理系统使用等方面的培训，提高其业务能力和技术水平。建立有效的沟通机制和团队协作模式，使不同岗位的管理人员能够密切配合，共同完成宿舍管理任务。例如，安保人员、维修人员和宿管人员之间可以实现信息的实时共享，提高应急处理能力。

（三）宿舍生活质量的改进措施

首要的就是关注宿舍的硬件设施状况，通过数据化监测和分析进行优化。利用传感器实时监测宿舍内的温度、湿度、空气质量等环境指标。如果某个宿舍的空气质量长期不达标，可能是由于通风不畅或存在污染源，管理人员可以及时安排通风设备的维护或进行污染源排查。对宿舍内的家具、电器等设备进行定期检查和维护，通过设备使用数据了解设备的磨损情况和故障频率。对于经常出现故障的设备，及时进行更换或维修，确保学生的正常使用。根据学生的反馈和需求，合理调整宿舍的布局和设施配置。例如，如果学生普遍反映宿舍储物空间不足，可以考虑增加衣柜或储物柜。

提升宿舍的安全管理水平要加强门禁系统的管理，确保只有授权人员能够进入宿舍。通过门禁数据的分析，及时发现异常的进出行为，如非本宿舍人员频繁进入等情况，并进行调查处理。安装监控设备，对宿舍公共区域进行实时监控，保障学生的人身和财产安全。同时，加强消防安全管理，定期检查消防设备的完好情况，通过数据化手段记录消防演练的参与情况和效果，提高学生的消防安全意识和应急能力。另外，需要丰富宿舍的文化生活，营造良好的宿舍氛围。通过问卷调查和数据分析了解学生的兴趣爱好和文化需求，组织各类宿舍文化活动。

例如，如果学生对体育活动感兴趣，可以组织宿舍间的体育比赛；如果学生对艺术创作有热情，可以举办宿舍文化创意大赛。

建立宿舍文化交流平台，如线上论坛或微信群，让学生能够分享生活经验、交流学习心得，增强宿舍成员之间的凝聚力和归属感。此外，还需要加强与学生的沟通和反馈机制。通过在线调查、意见箱等方式收集学生对宿舍管理和生活质量的意见和建议。对学生反馈的问题进行及时处理和回复，让学生感受到自己的意见得到重视。定期召开宿舍管理座谈会，邀请学生代表参与，共同探讨宿舍管理中存在的问题和改进措施，形成良好的互动氛围，不断提升学生的宿舍生活质量。

第二节　校园安全管理的数据化实践

随着信息技术的飞速发展和教育现代化的不断推进，校园安全管理面临着前所未有的挑战与机遇。传统的人工管理方式已难以满足当前校园安全需求的复杂性和多样性，而数据化管理的兴起为校园安全管理提供了新的思路和方法。近年来，校园安全事件时有发生，如校园欺凌、意外伤害、突发事件等，这些事件不仅对学生的身心健康构成威胁，也严重影响了学校的正常教学秩序和声誉。因此，如何有效提升校园安全管理水平，预防和控制各类安全风险，成为教育管理部门和学校亟待解决的问题。数据化管理作为一种先进的管理理念和技术手段，通过收集、分析、利用大量数据，能够实现对校园安全状况的实时监测、预警和应急响应。数据化管理可以帮助学校准确掌握校园安全动态，及时发现潜在的安全隐患，为决策提供科学依据；同时，通过数据分析还可以揭示校园安全问题的规律和特点，为制定针对性的防范措施提供有力支持。

一、校园安全数据的采集与处理

（一）视频监控数据的分析

视频监控系统作为校园安全管理的重要组成部分，能实时捕捉校园内各个角落的动态画面。这些监控设备分布在教学楼、图书馆、操场、宿舍区等人员密集或关键区域，为校园安全提供了全方位的视觉保障。为了让视频监控数据发挥更大价值，需要进行有效的分析。对视频内容进行目标检测是基础步骤。通过先进的计算机视觉算法，能够精准识别画面中的人物、车辆、物体等目标。例如，在校园出入口的监控视频中，可以快速识别进出校园的人员身份和车辆信息。对于未登记的外来车辆和人员，系统会及时发出预警，提醒安保人员进行盘查，从而加强校园的门禁管理，防止无关人员随意进入校园，保障校内人员和财产安全。行为分析也是视频监控数据应用的关键环节。

借助行为分析算法，能够对人物的行为动作进行深入解读。比如，在校园的公共区域，如果检测到有人发生肢体冲突、奔跑呼喊等异常行为，系统会自动标记并发出警报。这使得安保人员能够及时响应，迅速到达现场进行处理，避免事态进一步恶化。对于一些长期的行为模式分析，还可以发现校园内某些区域是否存在安全隐患高发的情况。例如，若某个角落经常发生人员聚集和冲突，就需要对该区域进行重点关注，可能需要增加照明设备、调整监控角度或加强巡逻力度。视频监控数据还可以用于流量统计。通过对特定区域在不同时间段的人员和车辆流量进行统计分析，能够更好地规划校园资源和安排安保力量。在教学楼和食堂周边，在上下课和就餐高峰时段，人员流量会大幅增加。通过分析这些时段的流量数据，可以合理安排安保人员进行疏导，避免发生拥挤踩踏等事故。

（二）校园巡逻记录的数字化

传统的巡逻记录方式通常是纸质记录，存在记录不及时、不规范、难以查询和统计等问题。而数字化巡逻记录系统则可以有效解决这些问题。巡逻人员配备智能终端设备，如智能手机或平板电脑，在巡逻过程中，通过这些设备实时记录巡逻情况。他们可以拍照、录像，记录巡逻时间、地点、发现的问题等信息。这些信息会自动上传到后台管理系统，形成完整的巡逻记录数据库。

数字化巡逻记录系统还可以实现巡逻任务的自动化分配和调度。管理人员可以根据校园的实际情况和安全需求，制订详细的巡逻计划，并将任务分配给相应的巡逻人员。巡逻人员通过智能终端接收任务，并按照规定的路线和时间进行巡逻。在巡逻过程中，系统会实时跟踪巡逻人员的位置，确保他们按照预定路线进行巡逻。如果巡逻人员偏离路线或未按时完成任务，系统会发出提醒，保证巡逻工作的规范化和标准化。对巡逻记录数据的分析，能够为校园安全管理提供有力支持。通过对大量巡逻记录的统计和分析，可以发现校园内的安全隐患高发区域和时间段。例如，如果某个区域在夜间经常出现盗窃或破坏事件，就可以加强该区域在夜间的巡逻力度，增加巡逻频次和人员配备。另外，数字化巡逻记录系统还可以与其他校园安全管理系统进行集成。与视频监控系统集成，当巡逻人员发现异常情况时，可以及时调取附近的监控视频，获取更全面的信息。与报警系统集成，当巡逻人员发现紧急情况时，可以通过智能终端快速报警，并将现场情况实时传输给安保指挥中心，以便指挥中心及时调配资源进行处理[②]。

（三）突发事件的数据化记录

校园内的突发事件具有突发性和不确定性，对校园安全和师生的生命财产安全构成严重威胁。对突发事件进行数据化记录，能够为后续的应急处理和安全管理提供重要依据。在突发事件发生时，第一时间记录事件的基本信息是关键。包括事件发生的时间、地点、类型等。例如，火灾事件需要记录起火时间、起火地点、火势大小等信息；盗窃事件需要记录被盗时间、被盗地点、被盗物品等信息。这些基本信息可以通过现场工作人员、师生的报告以及监控设备等渠道获取，并及时录入到突发事件数据记录系统中。对事件的处理过程进行详细记录也非常重要。记录应急响应的时间和措施，如安保人员到达现场的时间、采取的灭火、救援等措施。

记录事件处理过程中的人员调配、物资使用等情况。这些记录有助于评估应急处理的效率和效果，发现存在的问题和不足之处，以便在今后的应急工作中进行改进。事件的后续影响和处理结果也需要进行数据化记录。记录事件对校园秩序、师生心理等方面造成的影响，以及采取的恢复措施和效果。例如，在火灾事

② 魏可媛.新时代高校艺术教育研究［M］.北京：新华出版社，202305.250.

故后，记录对受损建筑的修复情况、对师生的心理辅导情况等。对于事件的责任人处理结果也需要进行记录，起到警示和教育作用。通过对大量突发事件数据的分析，可以总结出事件发生的规律和特点。分析不同类型事件在不同季节、不同时间段的发生频率，找出可能引发事件的原因和风险因素。根据这些分析结果，可以制定针对性的预防措施，降低突发事件的发生概率。为了保证突发事件数据记录的准确性和完整性，需要建立严格的数据审核和管理制度。对录入的数据进行审核，确保数据的真实性和可靠性。

二、校园安全管理的智能化应用

（一）安全风险的实时预警

在校园安全管理的数据化实践中，安全风险的实时预警是智能化应用的关键环节。它依赖于多源数据的融合与先进的数据分析技术，旨在及时捕捉校园内潜在的安全威胁，为采取预防措施争取宝贵时间。校园内分布着各类传感器和监控设备，这些设备构成了实时预警系统的数据采集基础。为了实现准确的实时预警，需要运用大数据分析和机器学习算法对采集到的数据进行深度挖掘。通过建立风险模型，对历史数据进行学习和训练，系统能够识别出不同类型安全风险的特征模式。在实际应用中，将实时数据与风险模型进行比对，一旦发现数据特征与已知的风险模式匹配，系统就会判定存在潜在的安全风险，并迅速发出预警。

通过对校园火灾历史数据的分析，建立火灾风险模型，当环境传感器检测到烟雾浓度、温度等参数达到模型设定的阈值时，系统会立即发出火灾预警。实时预警系统还具备多渠道通知功能，确保预警信息能够及时传达给相关人员。当系统发出预警时，会通过短信、邮件、APP 推送等方式通知学校安保人员、管理人员和相关部门。同时，在校园内的公共区域设置声光报警器，一旦触发预警，报警器会发出响亮的警报声和闪烁的灯光，提醒师生注意安全。此外，预警信息还可以与学校的应急指挥中心进行实时对接，为指挥中心提供决策支持，以便迅速采取应对措施。安全风险的实时预警还需要不断进行优化和改进。随着校园环境的变化和安全形势的发展，新的安全风险可能会不断出现。因此，需要定期对风险模型进行更新和调整，提高预警系统的准确性和可靠性。

（二）安全隐患的智能排查

物联网技术在校园内安装大量的智能传感器，如电气火灾监控传感器、电梯运行状态监测传感器、消防设施状态传感器等，可以实时采集设备和设施的运行数据。这些传感器能够监测电气设备的温度、电流、电压等参数，电梯的运行速度、载重、门开关状态等信息，以及消防设施的水压、水位、设备完整性等情况。一旦发现数据异常，系统会立即发出警报，提示可能存在的安全隐患。例如，电气火灾监控传感器检测到电气线路的温度过高或电流异常时，会及时通知相关人员进行检查和维修，防止电气火灾事故的发生。另外，利用无人机和机器人技术可以实现对校园复杂区域的快速排查。无人机可以搭载高清摄像头和热成像仪等设备，对校园的建筑物顶部、围墙周边、树林等难以到达的区域进行巡查。通过拍摄的图像和视频，分析人员可以及时发现建筑物的损坏、非法入侵等安全隐患。机器人则可以在校园内的室内区域进行自主巡逻，利用激光雷达和视觉传感器等设备，检测地面的障碍物、设施的损坏情况等。机器人还可以与校园的智能安防系统进行联动，当发现异常情况时，自动上传数据并发出警报。人工智能图像识别技术也为安全隐患排查提供了强大的支持。通过对校园内的监控视频进行实时分析，系统能够识别出诸如消防通道堵塞、建筑物结构损坏、危险物品存放不当等安全隐患。例如，当图像识别系统检测到消防通道被杂物堵塞时，会立即标记该区域并通知相关人员进行清理。

（三）应急响应的数据支持

在应急事件发生时，实时数据的获取至关重要，校园内的各类监控设备、传感器和信息系统能够提供丰富的实时数据。历史数据的分析和利用也对应急响应具有重要意义。通过对以往类似应急事件的处理记录进行分析，可以总结出成功的经验和失败的教训。地理信息系统（GIS）在应急响应中发挥着重要作用。它可以将校园的地理信息、建筑物分布、道路网络等数据进行整合，为应急救援提供直观的地图支持。在应急事件发生时，通过 GIS 系统可以快速确定事件发生的地点、周边的资源分布情况，如消防设施、医疗站点、避难场所等。同时，GIS 系统还可以进行路径规划，为救援人员提供最佳的救援路线，提高救援效率。例如，在发生地震时，通过 GIS 系统可以快速确定受损建筑物的位置和范围，规划救援人员的进入路线和疏散通道。数据共享和协同平台的建设也是应急响应数据支持的关键。通过建立统一的数据共享平台，实现校园内各个部门和系统之间的数据互联互通。在应急事件发生时，不同部门可以实时共享相关数据，协同开展应急处置工作。例如，安保部门可以将现场的人员情况和安全状况及时传递给医疗部门和消防部门，以便他们做好相应的准备工作。

三、校园安全管理的数据化优化

（一）安全管理数据的可视化呈现

通过将复杂的数据转化为直观的图表、图形和地图等可视化形式，能够让管理者快速、准确地把握校园安全状况。可视化呈现的数据来源广泛，涵盖了校园内各个方面的安全信息。门禁系统记录的人员进出数据、视频监控捕捉的实时画面、消防设施的状态监测数据以及校园巡逻的反馈信息等，都可以作为可视化展示的基础。以人员进出数据为例，通过制作柱状图或折线图，可以清晰地展示不同时间段内校园各出入口的人员流量变化情况。管理者可以直观地看到高峰时段和低谷时段，从而合理安排安保人员的值班和巡逻计划。地理信息系统（GIS）在安全管理数据可视化中发挥着重要作用。利用 GIS 技术，可以将校园的地图与安全数据相结合，直观地展示各类安全事件的发生地点和分布情况。在地图上标记出近期发生盗窃、斗殴等事件的位置，形成安全事件热点图。通过观察热点图，管理者可以发现校园内哪些区域安全风险较高，进而加强对这些区域的监控和巡逻。

仪表盘式的可视化界面将关键的安全指标和数据集中展示在一个界面上，如校园整体的安全评分、各类安全事件的发生频率、安全设施的完好率等。管理者通过查看仪表盘，就能够对校园安全状况有一个全面的了解。而且，仪表盘还可以设置预警功能，当某些指标超出正常范围时，会自动发出警报，提醒管理者及时采取措施。值得注意的是，可视化呈现还可以根据不同的管理需求进行定制。对于学校高层管理者，可能更关注宏观的安全指标和整体趋势，因此可以提供以年度或学期为单位的综合数据可视化报告。而对于安保部门的基层工作人员，可能更需要实时地、具体到每个区域的安全数据展示，以便他们及时处理现场问题。通过定制化的可视化呈现，能够满足不同层次管理者的需求，提高安全管理的针对性和有效性。

（二）安全事件的趋势分析与预测

要建立完善的安全事件数据库，将校园内发生的各类安全事件信息进行详细记录，包括事件的类型、发生时间、地点、涉及人员、处理结果等。对这些数据进行整理和分类，为后续的分析工作奠定基础。以校园盗窃事件为例，将每次盗窃事件的具体情况记录在数据库中，通过对这些数据的分析，可以发现盗窃事件在不同季节、不同时间段以及不同区域的发生频率差异。运用统计学方法和数据分析技术对安全事件数据进行趋势分析。时间序列分析是一种常用的方法，通过对安全事件发生次数随时间变化的趋势进行分析，可以发现是否存在周期性或季节性的规律。例如，经过分析发现每年的开学季和考试周前后，校园内的盗窃和诈骗事件发生频率较高。关联分析则可以找出不同类型安全事件之间的关联关系。研究发现校园内人员密集场所的拥挤踩踏事件与大型活动的举办存在一定的关联。机器学习算法在安全事件预测中具有重要应用价值。通过对历史数据的学习和训练，建立预测模型，对未来可能发生的安全事件进行预测。利用决策树算法、神经网络算法等，根据校园的人员流动、环境变化、节假日等因素，预测不同时间段内各类安全事件的发生概率。预测结果可以为安全管理决策提供参考，帮助管理者提前做好防范准备。除了数据分析，还需要结合校园的实际情况和外部环境因素进行综合判断。考虑学校的教学安排、重大活动计划、周边治安状况等因素，对预测结果进行修正和完善。

（三）安全管理资源的动态调配

人力是校园安全管理通过对人员进出数据、安全事件发生情况等信息的分析，可以合理安排安保人员的值班和巡逻任务。在人员流量较大的时间段和区域，增加安保人员的投入，确保校园秩序的稳定。利用智能排班系统，根据安保人员的技能水平、工作经验和身体状况等因素，进行科学合理的排班，提高安保工作的质量和效率。物力资源的动态调配也至关重要。校园内的消防设施、监控设备、应急物资等是保障校园安全的重要物质基础。通过建立设备管理系统，实时监测这些设备的运行状态和使用情况。当发现消防设施出现故障或应急物资储备不足时，及时安排维修和补充。根据安全事件的发生地点和类型，快速调配相应的物力资源。在发生火灾时，迅速调度消防车、灭火器等消防设备前往现场进行救援。财力资源的合理分配也是安全管理资源动态调配的重要方面。根据安全事件的风险评估和趋势分析结果，确定不同区域和不同类型安全管理工作的资金投入比例。对于安全风险较高的区域和环节，适当增加资金投入，用于改善安全设施和加强安全管理措施。为了实现安全管理资源的动态调配，需要建立高效的信息沟通和协同机制。各部门之间要实现信息的实时共享和互通，确保在安全事件发生时能够快速响应和协同作战。利用信息化平台，实现安全管理指令的快速传达和执行，提高资源调配的效率和准确性[③]。

第三节　学生活动管理的数据化优化

学生活动是高校校园文化建设的重要组成部分，对于促进学生的全面发展具有不可替代的作用。然而，传统的学生活动管理方式往往存在资源配置不合理、参与率难以提升、管理效率不高等问题。大数据技术的应用为学生活动管理带来了新的变革。

一、学生活动数据的采集与分析

（一）活动参与记录的数据化

报名环节的数据采集是活动参与记录数据化的起点，借助线上报名系统，能

---

③ 朱秀芬,黄振.高等学校分类管理与现代化治理研究［M］.沈阳:万卷出版社,202304.213.

够详细收集学生的基本信息，如姓名、学号、年级、专业等，同时还能记录学生报名的活动项目、报名时间等关键数据。这些数据不仅有助于活动组织者准确掌握参与人数和人员结构，还能为后续的活动安排和资源分配提供依据。例如，通过分析不同专业学生对各类活动的报名偏好，可以针对性地设计更符合学生需求的活动。活动现场的参与数据记录同样重要。利用签到设备、人脸识别技术或电子手环等手段，可以精确记录学生的到场时间、离场时间以及在活动中的参与时长。对于一些互动性较强的活动，还可以记录学生的发言次数、参与小组讨论的情况等。这些数据能够直观地反映学生在活动中的投入程度和参与积极性。

通过对比不同学生的参与数据，还可以发现活动中的活跃分子和相对沉默的群体，以便在后续的活动中采取相应的激励措施，提高全体学生的参与度。活动过程中的行为数据也是活动参与记录的重要组成部分。对于线上活动，系统可以记录学生的点击行为、浏览内容、停留时间等数据，分析学生对活动内容的关注焦点和兴趣点。而对于线下活动，可以通过观察和记录学生的行为表现，如是否积极参与游戏、是否主动与他人交流等，评估学生的活动体验。这些行为数据能够帮助活动组织者深入了解学生的需求和反馈，为优化活动内容和形式提供参考。

（二）活动效果的数据化评估

分析活动参与记录中的报名人数、实际到场人数、参与时长等数据，可以直观地了解活动的吸引力和学生的参与热情。计算活动的参与率，即实际参与人数与报名人数的比例，能够反映活动的组织和宣传效果。活动目标达成情况的评估是活动效果数据化评估的关键。在活动策划阶段，明确设定活动的目标和预期成果，如提高学生的专业技能、增强团队协作能力、传播校园文化等。在活动结束后，通过收集相关的数据和证据来评估目标的达成程度。对于以提高学生专业技能为目标的活动，可以通过对比学生活动前后的技能测试成绩来评估活动的效果；对于以增强团队协作能力为目标的活动，可以通过团队项目的完成情况和团队成员的评价来进行评估。

活动影响力的评估则从更宏观的角度衡量活动的效果。通过分析活动在校园内的传播范围、引起的关注度以及对学生思想和行为的影响等数据，可以评估活动的社会影响力。监测活动相关话题在校园社交媒体平台上的讨论热度、点赞数、转发数等数据，了解活动在学生群体中的传播效果。成本效益分析也是活动效果数据化评估的重要组成部分。计算活动的总成本，包括场地租赁费用、物资采购费用、人员薪酬等，同时评估活动带来的收益，如学生技能提升、校园文化建设等方面的无形收益。通过对比成本和收益，评估活动的经济效益和社会效益，为活动的资源分配和决策提供依据[④]。

（三）活动资源的动态匹配

在活动策划阶段，根据活动的规模、类型和目标，合理规划所需的工作人员数量和岗位设置。通过数据分析学生的技能特长、兴趣爱好和参与活动的经验等信息，为活动匹配最合适的工作人员。对于文艺演出活动，选拔具有表演、组织和舞台管理经验的学生担任工作人员；对于学术讲座活动，邀请相关专业的学生担任志愿者，负责现场的引导和服务工作。在活动进行过程中，根据实际情况动态调整人力分配。如果某个环节出现人员短缺或工作量过大的情况，可以及时从其他环节调配人员进行支援。物力资源的动态匹配同样重要。根据活动的需求和参与人数，合理安排活动场地、设备和物资等资源。通过分析活动参与记录和历史数据，预测活动所需的场地大小、设备数量和物资种类，提前进行准备和调配。对于大型体育赛事，需要根据参赛人数和比赛项目，合理安排比赛场地、器材和奖品等物资。在活动进行过程中，实时监测物力资源的使用情况，及时补充和调整。如果发现某个设备出现故障或物资消耗过快，及时进行维修和补充，确保活动的正常进行。

财力资源的动态匹配是活动顺利开展的重要支撑。在活动预算编制阶段，根据活动的目标和规模，合理安排各项费用支出。通过对活动成本的数据分析和预测，制定科学合理的预算方案。在活动进行过程中，实时监控费用支出情况，根

---

④ 邓嵩,樊博,马桑,等.创新公共管理教学的理论与实践［M］.云南:云南大学出版社,202205.312.

据实际情况进行调整。如果发现某个项目的费用超出预算，及时分析原因并采取措施进行控制。

二、学生活动管理的智能化应用

（一）活动策划的数据支持

收集和分析学生在校园生活中的各类行为数据，如选课记录、社团参与情况、图书馆借阅偏好、线上学习平台的浏览记录等，可以勾勒出学生的兴趣画像。例如，若发现某一专业的学生在图书馆借阅计算机编程类书籍的频率较高，且在社团活动中对科技类社团的参与度也较高，那么在策划活动时，就可以考虑举办计算机编程竞赛、科技讲座等相关活动。历史活动数据为活动策划提供了宝贵的经验借鉴。对以往举办的各类活动的参与人数、参与率、活动满意度、活动效果评估等数据进行系统分析，能够总结出活动的成功经验和不足之处。分析发现某类型的户外活动参与率较低，可能是由于活动时间安排在工作日、天气因素或者活动内容缺乏吸引力等原因。在策划新的户外活动时，就可以避免这些问题，选择合适的时间、优化活动内容，提高活动的参与度和效果。

校园资源数据在活动策划中也不可或缺。了解校园内可用于举办活动的场地资源，包括场地的大小、设施配备、使用时间限制等信息，能够合理规划活动规模和形式。如果有一个大型的多功能报告厅，就可以策划举办大型的学术讲座、文艺演出等活动；而小型的会议室则适合举办小组讨论、培训课程等活动。外部环境数据也会对活动策划产生影响。关注社会热点事件、行业发展趋势以及周边高校的活动动态等信息，能够使校园活动更具时代感和竞争力。在社会上掀起环保热潮时，学校可以策划举办环保主题的活动，如垃圾分类宣传活动、环保创意作品展览等，既响应了社会号召，又能提高学生的社会责任感。通过整合这些多维度的数据，为活动策划提供全方位的数据支持，使活动策划更加科学、合理、高效。

（二）活动参与的智能推荐

活动参与的智能推荐基于大数据分析和人工智能算法，根据学生的个人特征、兴趣偏好和历史行为数据，为学生精准推荐符合其需求的活动，实现个性化的活动推送。收集学生的基本信息，如年级、专业、性别等，以及他们的兴趣爱好、技能特长等数据，构建学生的个人画像。不同年级的学生可能对活动的需求和偏好有所不同，大一学生可能更倾向于参加社交类和适应性活动，而大四学生则更关注职业发展类活动。通过对学生个人信息的分析，可以初步筛选出适合不同学生群体的活动类型。学生的历史活动参与数据是智能推荐的核心依据。分析学生过去参与的活动类型、参与频率、在活动中的表现等数据，能够深入了解学生的活动兴趣和偏好。如果某个学生经常参加体育类活动，并且在篮球比赛中表现活跃，那么系统就可以为他推荐篮球友谊赛、篮球技巧培训等相关活动。

实时的活动信息也是智能推荐的重要组成部分。活动的时间、地点、内容、参与要求等信息会影响学生的参与决策。系统需要实时更新活动信息，并根据学生的个人情况和当前状态，为他们推荐合适的活动。如果某个学生在某段时间内课程安排比较紧张，系统就可以为他推荐时间灵活、地点便利的线上活动；而对于有较多空闲时间的学生，则可以推荐需要较长时间投入的大型线下活动。智能推荐系统还可以利用社交网络数据进行活动推荐。分析学生的社交关系，如好友关系、社团成员关系等，了解学生的社交圈子和社交需求。如果学生的好友经常参加某个社团的活动，那么系统可以为该学生推荐该社团举办的其他活动，借助社交影响力提高活动的参与度。通过综合运用这些数据和算法，实现活动参与的智能推荐，为学生提供更加个性化、精准化的活动推荐服务。

（三）活动效果的实时反馈

活动效果的实时反馈通过建立多渠道的数据收集和分析机制，及时、准确地获取活动的实施情况和学生的反馈信息，为活动的调整和改进提供依据，确保活动达到预期效果。在活动现场设置反馈渠道，如纸质问卷、电子投票系统、意见箱等，让学生在活动进行过程中或结束后及时表达自己的感受和意见。对于文艺演出活动，可以在演出结束后立即发放纸质问卷，让学生对演出的节目内容、表演水平、舞台效果等方面进行评价；对于学术讲座活动，可以使用电子投票系统，让学生对讲座的主题、讲师的讲解能力、内容的实用性等方面进行评分。通过现场反馈，能够及时发现活动中存在的问题，如活动时间过长、内容枯燥等，并在后续的活动环节中进行调整。

线上反馈平台为活动效果的实时反馈提供了便捷的途径，建立专门的活动管理平台或利用校园现有的在线服务平台，让学生可以随时登录并对活动进行评价和反馈。学生可以在平台上发表文字评论、上传图片和视频等，详细描述自己在活动中的体验和感受。同时，平台还可以设置一些标准化的评价指标，如活动的趣味性、教育性、组织性等，让学生进行打分。通过线上反馈平台，能够收集到更广泛、更深入的反馈信息，并且可以对反馈数据进行实时统计和分析，及时掌握学生的反馈动态。数据分析系统则对反馈数据进行深度挖掘和分析，为活动效果的评估和决策提供支持。利用数据挖掘技术，对反馈数据中的关键词、情感倾向等进行分析，了解学生对活动的整体评价和关注焦点。通过分析发现学生在反馈中多次提到活动的某个环节很有趣，那么可以在后续的活动中加强该环节的设计；如果发现学生对活动的组织安排提出了较多的批评意见，那么就需要对活动的组织流程进行优化。

活动效果的实时反馈还可以与活动的调整和改进机制相结合。根据反馈数据和分析结果，及时对活动进行调整和优化。如果发现活动的参与人数低于预期，可以通过增加宣传推广力度、调整活动时间和地点等方式来提高活动的吸引力；如果发现活动的内容与学生的需求不符，可以及时修改活动方案，增加或调整活动内容。通过实时反馈和及时调整，不断提高活动的质量和效果，满足学生的需求和期望[5]。

三、学生活动管理的数据化优化策略

（一）活动资源的优化配置

人力作为活动资源的核心，其优化配置至关重要。在学生活动中，不同的活

---

⑤ 赵鲁华，张俊明.网络平台道路货运运营管理［M］.四川：西南交通大学出版社，202103.345.

动岗位需要不同专业技能和特长的人员。例如，组织一场学术讲座，需要有具备良好沟通能力和专业知识的主持人，熟悉活动流程安排和现场协调的工作人员，以及能够进行宣传推广的人员。借助数据化手段，对学生的个人信息、技能特长、以往活动参与记录等数据进行分析，为活动岗位精准匹配合适的人员。建立学生人才数据库，记录学生的专业、兴趣爱好、获奖情况等信息，当有活动需求时，能够快速从数据库中筛选出符合要求的人员。物力资源的优化配置同样不容忽视。活动所需的场地、设备、物资等物力资源的合理安排，能够提高资源的利用效率，降低活动成本。对于场地资源，通过分析活动的规模、类型和参与人数等数据，选择合适的场地。举办大型文艺演出，需要选择能够容纳较多观众且具备良好舞台设施的场地；而开展小型研讨会，则可以选择安静、舒适的会议室。财力资源的优化配置是活动可持续发展的保障。在活动预算编制阶段，运用数据化方法对以往类似活动的成本数据进行分析，结合活动的目标和规模，制定合理的预算方案。

（二）活动参与率的提升路径

精准的活动定位是提高活动参与率的基础。借助数据分析学生的兴趣偏好、专业背景、年级特点等信息，策划符合学生需求的活动。对于理工科专业的学生，可以举办科技竞赛、学术讲座等活动；对于文科专业的学生，则可以开展文化艺术展览、文学创作比赛等活动。有效的宣传推广是提升活动参与率的关键。利用数据化渠道，如校园官网、社交媒体平台、短信通知等，进行全方位的活动宣传。分析不同宣传渠道的效果数据，了解学生获取活动信息的主要途径，有针对性地选择宣传渠道。激励机制的建立则可以激发学生参与活动的积极性。通过数据化手段对学生的活动参与情况进行记录和分析，为积极参与活动的学生提供奖励和表彰。设立活动参与积分制度，学生每参与一次活动可以获得相应的积分，积分可以兑换奖品、荣誉证书或其他权益。

（三）活动管理效率的改进措施

利用信息化技术，将活动管理中的一些重复性、规律性的工作进行自动化处理。在活动报名环节，开发线上报名系统，学生可以通过系统在线填写报名信息、上传相关材料，系统自动进行信息审核和统计，大大减少了人工操作的时间和工作量。在活动审批环节，建立电子审批流程，活动组织者可以通过系统提交活动申请，相关负责人可以在线进行审批，提高审批效率。数据共享与协同是提高活动管理效率的关键。建立统一的数据管理平台，将活动管理中的各类数据进行集中存储和管理，实现数据的共享和互通。不同部门和人员可以通过平台实时获取所需的数据信息，避免信息孤岛和重复劳动。智能决策支持系统的应用可以为活动管理提供科学的决策依据。利用大数据分析和人工智能技术，对活动管理中的各类数据进行深度挖掘和分析，为活动的策划、组织和评估提供决策支持[6]。

⑥ 赵哲.高校工程人才培养质量的战略管理研究［M］.北京:化学工业出版社,202102.201.

第七章 数据驱动的学生就业指导及服务创新

在大数据时代，高校学生就业指导与服务面临革新契机。精准把握就业市场动态、了解学生就业能力，对提升就业质量至关重要。本章聚焦大数据驱动的学生就业指导及服务创新，剖析数据应用与管理策略，为高校提升就业指导水平提供新方向。

第一节 就业市场数据的分析及应用

大数据浪潮下，高校学生就业指导须紧跟就业市场变化。对就业市场数据进行分析与应用，能为学生就业提供科学依据，优化就业服务。

一、就业市场数据的来源与类型

精准分析就业市场数据是提升高校学生就业指导质量的基础。明确数据来源与类型，能为后续分析应用提供清晰框架，助力更好地服务学生就业。

（一）招聘平台数据的采集

岗位需求信息是核心内容，包括不同行业、不同职位的招聘数量、招聘频率。这能反映出各行业的人才吸纳能力和岗位的热门程度，帮助高校了解哪些专业和技能在市场上更受青睐。岗位要求数据也不容忽视，涵盖学历要求、专业背景、工作经验、技能证书等方面。通过分析这些要求，高校可以调整专业设置和教学内容，使学生所学更贴合市场需求。薪资福利数据的采集同样重要，包括基本工资、奖金、福利补贴等，以及不同地区、不同行业的薪资差异。这能让学生对就业后的收入有清晰预期，也有助于高校评估各专业的就业质量。另外，招聘平台上企业发布的岗位描述、职业发展路径等信息也具有参考价值，可让学生了解岗位的具体工作内容和未来发展方向。

采用先进的数据采集技术，如网络爬虫，确保能够抓取到尽可能多的有效数据。同时，要对采集到的数据进行清洗和预处理，去除重复、错误的数据，保证数据质量。通过对招聘平台数据的有效采集，高校能掌握就业市场的最新动态，为学生提供更精准的就业指导和服务[①]。

（二）行业报告与政策数据

行业报告是对特定行业的全面、深入分析，涵盖行业现状、发展趋势、市场规模、竞争格局等诸多方面。通过对这些报告的研究，能清晰洞察各行业的发展态势，进而把握就业市场的动态变化。

从行业报告的内容来看，它包含详细的市场数据。例如，新兴行业如人工智能、大数据、新能源等的市场规模呈现快速增长趋势，这意味着这些行业对专业人才的需求也在急剧增加。相反，一些传统行业可能面临市场饱和或转型升级的压力，就业需求相对稳定或有所下降。通过对这些市场数据的分析，高校可以了解不同行业的人才需求规模和增长潜力，为专业设置和招生计划的调整提供依据。随着科技的不断进步，各行业的技术更新换代速度加快。在制造业，智能制造、工业互联网等技术正在改变传统的生产模式；在服务业，数字化转型成为主流趋势。这些技术发展趋势直接影响着行业对人才的技能要求。高校可以根据行业报告中的技术分析，调整课程设置和教学内容，加强对学生新兴技术和技能的培养，提高学生的就业竞争力。政府出台的一系列就业政策、产业政策等，对就业市场有着直接或间接的影响。就业政策如大学生创业扶持政策、基层就业补贴政策等，旨在鼓励大学生多元化就业，拓宽就业渠道。产业政策则通过引导产业发展方向，影响行业的就业需求。例如，政府对新能源汽车产业的扶持政策，推动了该行业的快速发展，从而创造了大量的就业岗位。研究政策数据，高校可以

---

① 车慧萍.新媒体环境下高职院校学生就业指导与服务模式创新研究［J］.新闻研究导刊，2024，15(16):118-122.

了解政府鼓励发展的重点行业和领域，提前布局相关专业和课程，培养适应国家战略需求的高素质人才。

政策数据也为高校开展就业指导和服务提供了方向。高校可以根据政策导向，引导学生关注重点行业和领域的就业机会，为学生提供相关的政策解读和就业指导服务。行业报告从市场和行业的角度分析就业趋势，而政策数据则从政府宏观调控的角度提供指导。两者结合起来，可以更全面、准确地把握就业市场的动态变化。高校可以利用这些数据，建立就业市场监测预警机制，及时调整就业指导和服务策略，为学生提供更精准、有效的就业信息和指导。高校应充分重视这些数据的收集、分析和应用，将其融入专业建设、课程设置、教学改革和就业指导等各个环节中，以提高学生的就业质量和就业竞争力，更好地适应大数据时代就业市场的变化。

（三）企业需求数据的分析

企业作为人才的吸纳主体，其需求数据直接反映了就业市场的实际用人标准和方向，对高校精准开展就业指导、优化人才培养方案至关重要。

不同岗位对技能的需求差异显著。技术类岗位，如软件开发、数据分析等，要求求职者具备扎实的专业技术知识，像编程语言运用能力、算法设计能力等。而销售类岗位则更注重沟通能力、人际交往能力以及市场洞察能力。通过对大量企业岗位技能要求数据的分析，高校能够清晰了解各行业、各岗位所需技能的分布情况，从而有针对性地调整课程设置，增加相关技能培训课程，使学生所学技能与企业需求无缝对接。除了专业技能，企业越来越看重人才的综合素质，如团队协作能力、创新能力、问题解决能力等。在项目合作频繁的现代企业环境中，团队协作能力能确保项目高效推进；创新能力有助于企业在激烈的市场竞争中脱颖而出；问题解决能力则使员工能够快速应对工作中出现的各种难题。高校通过分析企业对这些素质的要求程度，可以在日常教学和学生活动中加强对学生综合素质的培养，举办团队项目实践、创新创业竞赛等活动，提升学生的综合竞争力。一些新兴行业的岗位虽然目前可能人才需求规模相对较小，但具有巨大的发展潜力，如人工智能伦理分析师、区块链安全专家等。这些岗位随着行业的发展，未来对人才的需求可能会急剧增加。而一些传统行业的岗位可能面临着转型升级或被替代的风险。高校通过分析岗位发展前景数据，可以引导学生关注新兴岗位，提前进行职业规划和技能储备，同时帮助学生做好传统岗位转型的准备。

不同地区的产业结构不同，对人才的需求也存在差异。沿海经济发达地区可能更侧重于高新技术产业和现代服务业的人才需求，而内陆地区可能对传统制造业和农业相关人才有较大需求。高校可以根据地域差异数据，为学生提供更精准的就业地域指导，同时也可以加强与不同地区企业的合作，拓展就业渠道。部分企业希望高校能够加强校企合作，开展订单式培养，使学生在学习期间就能熟悉企业的工作流程和文化。还有企业期望高校增加实践教学环节，提高学生的实际操作能力。高校可以根据这些期望，优化人才培养模式，加强与企业的深度合作，建立实习基地，让学生在实践中积累工作经验。

企业需求数据的分析是大数据时代高校精准开展学生就业指导及服务创新的重要依据。高校应充分利用这些数据，从技能培养、素质提升、职业规划、地域指导和人才培养模式等多个方面进行优化，以提高学生的就业适配度和就业质量。

二、就业市场数据的分析方法

掌握合适的分析方法，才能从繁杂的就业市场数据中提取有价值信息。科学分析数据，把握就业趋势，为高校就业指导服务提供有力支撑。

（一）就业趋势的统计分析

收集不同时间段各行业的就业人数数据，绘制就业规模变化曲线。新兴行业如人工智能、新能源等，就业规模可能呈现快速增长态势，反映出其在经济发展中的崛起和对人才的大量需求。而传统行业如部分制造业，就业规模或许稳定甚至缩减，暗示着行业的转型升级或市场竞争压力。高校可依据这些数据，预测未来各行业的人才需求走向，调整专业招生规模和教学资源分配。不同行业、不同岗位的薪资差异能体现市场对人才价值的评估。对多年薪资数据进行统计，计算平均薪资、薪资涨幅等指标。高薪行业往往吸引大量人才涌入，也反映出其较高的技术含量和市场竞争力。高校分析薪资数据，能引导学生关注高潜力行业和岗位，同时也为学生职业规划提供经济收益方面的参考。

统计不同地区的就业人数、行业分布等数据，可发现就业的地域差异。经济发达地区通常就业机会多、行业种类丰富，但竞争也激烈；而一些新兴发展地区，可能在特定行业有独特的就业优势。高校可根据地域就业趋势，为学生提供就业地域选择的建议，鼓励学生开拓多元化的就业市场。随着科技进步，一些传统岗位逐渐被取代，而新的岗位不断涌现。统计不同岗位类型的招聘数量、岗位需求增长率等数据，能清晰地看到岗位的兴衰演变。高校据此可调整专业课程设置，加强对新兴岗位所需技能的培养，提高学生的就业适应性。

（二）行业需求的聚类分析

在大数据时代，高校通过聚类分析可以深入洞察就业市场中不同行业的岗位设置与领域分布特点。一些行业岗位丰富多样，涵盖了技术研发、市场营销、客户服务等多个领域，反映了这些行业对多元化人才的需求。而另一些行业则岗位相对集中，主要聚焦于某几个核心业务板块，体现了其专业化的发展路径。高校在进行就业指导时，可以依据这一聚类结果，引导学生了解不同行业的岗位构成和发展趋势，帮助他们根据自身兴趣和专长选择合适的职业方向。例如，对于对技术研发有浓厚兴趣的学生，可以推荐他们关注岗位设置多样化的信息技术行业；而对于更倾向于稳定工作环境的学生，则可以引导他们关注岗位相对集中的传统制造行业。

聚类分析还能揭示不同行业在技能要求与人才素质上的偏好差异。部分行业，如信息技术行业，对专业技术技能有着极高的要求，如编程语言、算法设计等，这些技能是该行业从业者必须掌握的核心竞争力。而另一些行业，如市场营销行业，则更看重通用技能，如沟通能力、团队协作能力等，这些技能对于提升工作效率和促进团队合作至关重要。此外，不同行业在人才素质偏好上也存在差异，有的行业青睐创新型人才，鼓励员工勇于尝试、敢于创新；有的则重视稳定、严谨的人才，强调工作的规范性和准确性。高校在就业指导中，可以根据这一聚类匹配结果，为学生提供针对性的技能培训和发展建议。对于即将进入对专业技术技能要求高的行业的学生，可以加强相关课程的学习和实践训练；而对于需要提升通用技能和素质的学生，则可以组织相关的培训和交流活动，帮助他们更好地适应职场需求。

通过行业需求的聚类分析，高校可以更加精准地把握就业市场的行业格局和趋势，为学生的就业之路提供有效支持。一方面，高校可以根据聚类结果，为学生提供更加个性化的就业指导服务。对于同一类别的行业，可以引导学生集中学习相关的通用技能和知识，提高就业竞争力；同时，也可以让学生明确不同类别行业的独特要求，有针对性地进行职业规划和技能储备。另一方面，高校还可以利用聚类分析结果，优化课程设置和人才培养方案。针对就业市场需求旺盛的行业和岗位，可以增加相关课程和实训项目，确保学生所学与市场需求紧密对接；对于就业市场需求减少的行业和岗位，则可以调整课程设置和培养方向，引导学生向更有发展潜力的领域转型。通过这种方式，高校可以不断提升就业指导的精准度和有效性，为学生的职业发展奠定坚实基础。

（三）岗位技能的关联分析

在众多岗位中，沟通技能是一项普遍需求，无论是销售岗位与客户的交流，还是技术岗位团队成员间的协作，都离不开良好的沟通。而沟通技能又与团队协作技能紧密相连，在项目推进过程中，有效的沟通是实现团队协作的基础，团队成员需通过清晰准确的表达来协调工作、分享信息。同时，时间管理技能也和这两项技能相关，在团队项目中，合理安排时间能确保各项任务按时完成，进而促进团队协作和沟通的高效进行。高校可基于这些关联，在日常教学中设置相关课程和活动，如组织团队项目实践，让学生在实践中锻炼沟通、团队协作和时间管理等通用技能，提高学生的综合素质和岗位适应性。以计算机科学领域为例，编程语言技能是核心。不同的岗位对编程语言的要求存在关联。软件开发岗位通常需要掌握多种编程语言，如 Java、Python 等，Java 常用于企业级应用开发，

Python 则在数据分析、人工智能等领域应用广泛。而数据库管理技能与编程语言技能紧密相关，软件开发过程中需要对数据进行存储和管理，掌握数据库设计、SQL 语句使用等技能能更好地与编程语言配合，实现软件的功能。此外，算法设计技能也是软件开发岗位的关键，它与编程语言和数据库管理技能相互支撑，优秀的算法能提高软件的性能和效率。高校在专业课程设置上，可根据这些技能关联，合理安排教学内容和顺序，先教授基础的编程语言，再逐步引入数据库管理和算法设计等课程，让学生形成系统的专业技能体系。

随着科技的发展，许多岗位需要具备跨领域的技能。例如，在互联网金融领域，既需要金融专业知识，又需要掌握信息技术技能。金融知识能帮助从业者理解市场规律、进行风险评估，信息技术技能则能支持金融业务的数字化运营，如开发金融交易系统、进行数据分析等。这种跨领域技能的关联要求高校打破学科壁垒，开展跨专业课程和联合培养项目。学生可以通过选修不同专业的课程，拓宽自己的知识面和技能领域，增强在跨领域岗位的竞争力。

新兴岗位往往是在技术创新和市场需求变化的基础上产生的，其技能需求是多种现有技能的融合和拓展。例如，随着人工智能和物联网技术的发展，智能家居工程师这一新兴岗位应运而生。该岗位需要融合电子工程、计算机科学、自动化控制等多领域的技能。通过对相关领域技能的关联分析，可以提前预测新兴岗位可能需要的技能组合，高校可以据此调整专业设置和课程内容，为新兴岗位培养储备人才。学生可以根据技能关联关系，明确自己的职业发展路径。例如，一名学生对软件开发感兴趣，可先从掌握基础的编程语言技能入手，逐步学习数据库管理和算法设计等技能，然后根据市场需求和个人兴趣，向人工智能、大数据等细分领域发展。同时，了解技能关联也能让学生在学习过程中注重技能的系统性和综合性，避免片面追求单一技能的提升。

三、就业市场数据的应用场景

挖掘就业市场数据的应用价值，能让高校就业指导更贴合实际需求。明确其应用场景，可精准发力，为学生提供更具针对性的就业服务。

（一）就业政策的制定支持

对不同行业就业人数、增长率、薪资水平等数据的长期监测，可准确把握新兴行业的崛起和传统行业的转型。新兴的人工智能、新能源汽车等行业就业需求旺盛，而部分传统制造业就业规模有所缩减。依据这些数据，高校可制定鼓励学生投身新兴行业的政策，如开设相关专业课程、提供实习实践机会、设立专项奖学金等，引导学生合理选择职业方向，提高就业与市场需求的匹配度。

不同岗位对技能的需求差异显著，技术类岗位强调专业技术能力，服务类岗位注重沟通和服务能力。高校分析这些数据后，可调整人才培养方案，优化课程设置。增加实践教学比重，引入企业实际项目，加强学生对岗位所需技能的掌握。同时，制定针对特定技能培训的政策，为学生提供技能提升的机会，使学生毕业时能更好满足岗位要求，增强就业竞争力。不同地区产业结构不同，就业机会和岗位需求存在明显差异。经济发达地区就业机会多，但竞争激烈；一些新兴发展地区在特定行业有独特优势。高校利用这些数据，可制定差异化的就业引导政策。鼓励学生到就业机会多但竞争小的地区就业，与当地企业建立合作关系，为学生提供就业渠道。同时，为到艰苦地区就业的学生提供一定的奖励和支持政策，促进就业地域的均衡分布。对比政策实施前后的就业数据，如就业率、就业岗位质量、专业对口率等，可判断政策是否达到预期目标。若某一鼓励创业的政策实施后，学生创业率没有明显提高，可分析是政策力度不够还是宣传不到位，进而对政策进行调整和完善。

（二）就业资源的动态匹配

对海量招聘信息的收集和分析，可明确不同企业、不同岗位的专业要求、技能需求、经验期望等。有的企业招聘软件开发岗位，要求掌握特定编程语言和开发工具；有的企业招聘市场营销岗位，注重沟通能力和市场洞察力。高校依据这些数据，将企业岗位需求与校内专业设置和学生技能储备进行对比分析，及时调整专业课程和教学内容，使学生所学与企业所需紧密对接。同时，可根据岗位需求动态调整实习实训安排，为学生提供更符合市场需求的实践机会，提高学生的岗位适应能力。每个学生都有独特的兴趣、能力和职业目标，利用数据分析学生的学习成绩、兴趣爱好、实习表现等多方面信息，为学生构建个性化的职业画像。结合就业市场上不同岗位的发展前景、薪资待遇等数据，为学生推荐适合的职业方向和岗位。对于对数据分析感兴趣且数学基础较好的学生，可推荐其从事数据分析师、市场研究员等岗位，并提供相关的职业发展建议和学习资源，如推荐专业书籍、在线课程等，帮助学生明确职业目标，制定合理的职业规划。搭建基于大数据的就业信息平台，整合企业招聘信息和学生求职信息。利用算法对企业和学生的信息进行匹配，为企业精准推荐符合岗位要求的学生，为学生精准推送适合的招聘信息。企业发布招聘需求后，系统可快速筛选出符合条件的学生简历并推送给企业；学生注册求职信息后，系统能及时将匹配的岗位信息发送给学生。这种精准匹配提高了招聘和求职的效率，减少了双方的时间和精力成本。

就业市场是不断变化的，行业需求、岗位要求等都在随时发生变化。持续监测就业市场数据，根据市场变化动态调整就业资源的配置。当某一行业就业需求增加时，加大对该行业相关就业指导和招聘资源的投入，邀请行业专家举办讲座、组织专场招聘会等；当某一专业就业形势严峻时，及时调整该专业的招生规模和培养方案，加强就业指导和职业培训，提高学生的就业竞争力。

（三）就业指导的精准化实施

通过对就业市场数据的深度分析，能清晰掌握不同行业、岗位的需求动态。基于此，可针对学生所学专业进行精准的职业前景分析，让学生提前了解行业发展趋势和就业方向，合理规划学业与职业发展路径。依据学生的学习成绩、兴趣爱好、实践活动等多维度数据，构建个性化的学生画像。结合就业市场岗位要求，为学生量身定制就业指导方案。对于技术能力强但沟通能力有待提升的学生，安排针对性的沟通技巧培训；对有创业意愿的学生，提供创业政策解读和创业项目指导。利用大数据搭建就业信息平台，精准推送与学生匹配的招聘信息。系统根据学生的专业、技能、求职意向等，筛选出合适的岗位并及时推送，提高学生获取有效就业信息的效率。对比指导前后学生的就业情况，如就业率、就业岗位质量等，及时调整指导策略和方法，不断优化就业指导服务，使就业指导更加符合学生和市场的需求，切实提高学生的就业竞争力和就业质量[②]。

第二节　学生就业能力的数据化评估

在大数据时代，对高校学生就业能力进行数据化评估意义重大。精准评估能发现学生优势短板，为就业指导和服务创新提供依据。

一、就业能力数据的采集与整理

要实现学生就业能力的数据化评估，准确采集与有效整理就业能力数据是关键。科学操作能为后续评估提供可靠基础。

（一）学业成绩与技能数据

学业成绩涵盖各学科的考试成绩、课程作业成绩、实验成绩等。这些数据可从学校的教务管理系统中直接获取，具有权威性和准确性。通过对不同学期、不同课程的成绩进行分析，能了解学生的知识掌握程度和学习能力的发展趋势。成绩优秀且稳定的学生，往往具备较强的学习能力和知识储备，在就业市场上更具竞争力。

技能数据包括专业技能证书、职业资格证书以及参与实践项目所获得的成果等。专业技能证书如计算机等级证书、英语四六级证书等，体现了学生在特定领域的能力。职业资格证书则是从事某些行业的必备条件，如教师资格证、会计从业资格证等。实践项目成果包括学生参与的科研项目、实习项目、创新创业项目等，这些成果能展示学生的实际操作能力和解决问题的能力。技能数据可通过学生提交的证书复印件、项目报告等进行收集，并进行分类整理。将学业成绩与技能数据进行关联分析，能更全面地评估学生的就业能力。例如，一个学生虽然学业成绩优异，但缺乏相关的技能证书和实践经验，可能在就业时面临一定的挑战；而一个技能突出但学业成绩一般的学生，可能在某些注重实践能力的岗位上有优势。通过对这些数据的综合分析，高校能为学生提供更精准的就业指导，帮助学生发挥优势、弥补不足，提高就业竞争力。同时，这些数据也能为企业招聘提供参考，使企业更准确地选拔符合岗位要求的人才。

（二）实习与实践经历数据

从企业获取学生实习期间的工作表现评估，包括工作态度、专业技能运用、团队协作能力等方面的评价。详细记录学生在实习岗位上承担的具体工作任务、项目参与情况以及所取得的工作成果。有的学生在实习期间参与了重要的市场调研项目，独立完成了数据收集、分析和报告撰写工作，为企业决策提供了有价值的参考。这些数据能直观展现学生在实际工作场景中的能力和贡献。同时，收集实习企业的行业信息、企业规模、发展前景等，有助于评估实习对学生就业能力提升的价值和针对性。在大型知名企业实习，学生能接触到更规范的工作流程和先进的管理理念，对其就业竞争力的提升作用可能更大。

实践经历数据涵盖学生参与的各类社团活动、志愿者服务、创新创业项目等。社团活动能体现学生的组织协调能力、沟通能力和领导能力。担任社团负责人的学生，在组织活动过程中需要策划方案、协调资源、与成员沟通协作，这些能力在就业中是非常宝贵的。志愿者服务数据能反映学生的社会责任感和团队合作精神。学生参与环保志愿者活动，与团队成员共同完成环境监测和宣传工作，培养了团队协作和奉献精神。创新创业项目数据则突出学生的创新思维和创业能力。学生参与创业项目，从市场调研、商业计划制定到产品开发和推广，整个过程锻炼了学生的综合能力。建立专门的数据库，将采集到的数据按照学生姓名、时间、项目名称等进行分类存储。为每个学生生成一份完整的实习与实践经历档案，方便查询和分析。运用数据挖掘技术，对这些数据进行深度分析。分析不同类型实习和实践经历与学生就业岗位选择、职业发展的相关性。发现参与过金融行业实习的学生，毕业后更倾向于从事金融相关工作，且职业晋升速度相对较快。通过分析学生在不同实践活动中的表现数据，找出学生的优势和不足，为就业指导提供依据。对于在团队协作方面表现出色但创新能力有待提高的学生，可提供相关的培训和实践机会，帮助其提升综合就业能力。

（三）综合素质测评数据

记录学生是否遵守校规校纪，有无迟到、早退、旷课等违纪行为。观察学生在集体活动中的表现，是否乐于助人、尊重他人、具有团队合作精神。学生在班级组织的公益活动中积极参与，主动帮助同学解决问题，展现出良好的品德风貌。还可收集学生的诚信记录，如考试是否作弊、有无拖欠学费等情况。这些数据能反映学生的道德品质和价值观，而良好的品德修养在就业中是企业非常看重的素质。

从学校的医务室获取学生的身体健康数据，包括体检报告、常见疾病记录等。身体健康是学生顺利完成学业和适应工作的基础。一个身体虚弱、经常生病的学生，可能在工作中难以承受高强度的工作压力。心理健康数据可通过学校的心理咨询中心收集。了解学生是否存在心理问题，如焦虑、抑郁等，以及学生应对压力和挫折的能力。学校定期开展的心理健康测评，能及时发现学生的心理状况。具备良好心理素质的学生，在面对工作中的挑战和困难时，能保持积极乐观的心态，更好地适应职场环境。记录学生参与的文化艺术活动，如参观博物馆、艺术展览，参加文艺演出等。学生在学校的文艺比赛中获得奖项，说明其具有一定的艺术才能和审美能力。收集学生的阅读情况，包括阅读书籍的种类和数量。阅读广泛的学生，通常具有更开阔的视野和丰富的知识储备。人文素养高的学生在与人交往和团队合作中往往更具魅力，能为企业营造良好的文化氛围。

建立统一的数据平台，将不同来源的数据整合在一起。对数据进行分类编码，方便存储和查询。按照品德修养、身心健康、人文素养等不同维度，为每个学生建立综合素质档案。运用数据分析技术，对数据进行深度挖掘。分析不同综合素质指标与学生就业能力的相关性。发现品德修养好、身心健康且人文素养高的学生，在就业中更容易获得企业的青睐，职业发展前景也更好。

二、就业能力评估模型的构建

有了就业能力数据做支撑，构建科学的评估模型至关重要。合理的模型可精准衡量学生就业能力，为就业指导服务提供科学参考。

（一）能力指标的量化分析

课程成绩直观反映学生对各学科知识的掌握程度，而学分绩点则综合考量了学生在整个学业过程中的学习表现。将不同课程按照专业核心课程、基础课程等进行分类，赋予不同权重，计算加权平均成绩，能更准确地体现学生的专业知识水平。

专业技能证书是学生具备特定技能的证明，可根据证书的级别和难度进行打分。实践项目成果则可从项目的规模、影响力、所承担的角色等方面进行评估，给予相应的分值。学生参与大型企业的实际项目并做出重要贡献，可获得较高的评分。在社团活动中担任重要职务、组织活动取得良好效果的学生，可获得较高的沟通协作能力分值。小组作业成绩也能反映学生在团队中的协作能力和沟通效果，根据小组作业的完成质量和个人在小组中的贡献进行评分。参与科研项目的学生，根据其在项目中的参与度和贡献大小进行打分。在创新创业竞赛中获奖的学生，按照奖项的级别给予相应的分值，以激励学生积极培养创新能力。

（二）能力与岗位的匹配模型

借助大数据技术收集大量不同行业、不同岗位的招聘信息，分析岗位描述、任职要求等内容。对于软件开发岗位，关注所需的编程语言、开发工具、项目经验等技能要求，以及创新思维、问题解决能力等素质要求。对于市场营销岗位，看重市场调研能力、沟通能力、营销策划能力等。从海量招聘信息中提取关键信息，构建岗位需求特征库，详细记录每个岗位所需的各项能力指标及其权重。依据前文采集和整理的学业成绩、技能数据、实习与实践经历、综合素质测评等数据，对学生的专业知识、技能水平、沟通协作能力、创新能力等进行量化评分。为每个学生生成一份详细的就业能力画像，清晰展示其优势和劣势能力。一个学生在软件开发方面有扎实的专业知识和丰富的项目经验，但沟通能力相对较弱，在就业能力画像中就会有明确体现。运用数据匹配算法，将学生的能力指标与岗位需求特征库中的指标进行比对。计算学生能力与岗位要求的相似度得分，得分越高说明匹配度越高。对于软件开发岗位，若学生掌握的编程语言、开发工具与岗位要求高度一致，且具备相应的项目经验，匹配度得分就会较高。同时，考虑学生的职业兴趣和职业规划。通过问卷调查、心理测评等方式了解学生的职业兴趣倾向，将其纳入匹配模型中。一个对市场营销有浓厚兴趣的学生，即使其软件开发能力也较强，但更倾向于匹配市场营销相关岗位。

对于匹配度高的岗位，为学生提供详细的岗位信息、职业发展路径以及针对性的求职建议。帮助学生优化简历，突出与岗位匹配的能力和经验。对于匹配度较低但学生有兴趣的岗位，分析学生与岗位要求的差距，为学生提供提升能力的建议和培训资源。鼓励学生参加相关的培训课程、实践项目，弥补能力短板。随着就业市场的变化和学生就业能力的提升，不断更新岗位需求特征库和学生就业能力数据。根据实际就业情况反馈，调整匹配算法和指标权重，提高匹配模型的准确性和有效性。

（三）能力发展趋势的预测

借助大数据收集学生多方面的动态数据。涵盖学生日常学习中的成绩波动，不同阶段课程成绩的变化能反映知识掌握的进展。如基础课程到专业课程成绩的提升或下降趋势，体现知识深化的情况。还有技能培训的数据，学生参加各类技能培训后的测试成绩和实际应用表现，能展现技能提升的程度。像参加编程培训后，在实际项目中运用编程技能的熟练度和创新性。以及实践活动参与情况，参与社团活动、实习、竞赛等活动的频率和成果，反映综合能力的发展。

通过时间序列分析，研究学生在一段时间内各项能力指标的变化趋势。若发现某学生在连续几个学期里沟通能力指标呈上升趋势，可推测其沟通能力在持续发展。结合机器学习算法，建立能力发展预测模型。输入学生过往的能力数据，让模型学习数据间的关联和变化模式，从而对未来能力发展进行预测。考虑不同专业的特点和就业市场需求的变化。不同专业对能力的要求不同且动态变化，计算机专业可能更注重编程能力和创新能力的发展，而市场营销专业侧重沟通和市场分析能力。根据就业市场对各专业能力需求的变化趋势，调整预测模型。若市场对计算机专业的人工智能技术需求增加，预测时更关注学生在这方面能力的发展潜力。对于预测能力发展良好的方面，鼓励学生继续强化，提供更高级的学习资源和实践机会。如预测某学生编程能力将有很大提升，推荐其参加高级编程竞赛或科研项目。对于预测能力发展可能不足的方面，提前制订提升计划，安排相关培训课程和辅导。通过能力发展趋势的预测，高校能更精准地引导学生提升就业能力，适应就业市场的变化[3]。

三、就业能力评估的应用价值

完成学生就业能力的数据化评估后，探寻其应用价值尤为关键。它能让评估成果落地，助力高校优化就业指导，为学生就业增添助力。

（一）个性化就业指导的支持

在大数据时代，高校通过对学生专业知识、技能水平、沟通协作能力、创新能力等多方面的量化评估，能够清晰展现每个学生的能力特点。这种量化评估不仅基于传统的考试成绩，还融合了学习过程中的行为数据、项目实践成果等多维度信息。例如，通过对学生参与科研项目的次数、质量以及团队合作中的表现进行量化打分，可以全面了解学生的实践能力和团队协作能力。这种全面的评估方式，使得高校能够更准确地把握每个学生的优势与短板，为后续的个性化就业指导提供科学依据。

基于对学生能力特点的深入了解，高校可以为学生量身定制职业发展路径。对于专业知识扎实的学生，推荐其从事与专业紧密相关的技术岗位，并提供进一步深造或参与科研项目的机会，以深化其专业知识和技能。而对于沟通能力强、但专业深度有待提升的学生，则引导其向市场营销、人力资源等需要良好沟通技巧的岗位发展，并通过提供相关的培训课程和实践机会，增强其综合素质。这种量身定制的职业发展路径，旨在帮助学生充分发挥自身优势，同时弥补不足，实现职业发展的最大化。

针对学生在量化评估中暴露出的技能不足，高校可以精准匹配相应的提升资

---

③ 彭汉生，尹莹，袁红红，等.基于大数据技术的学生职业规划指导方法分析［J］.电子技术，2024，53(07)：286-287.

源和机会。例如，对于编程技能薄弱的学生，推荐其参加编程培训班或参与开源项目，通过实践锻炼提升编程能力。对于团队协作能力不足的学生，则安排团队合作的实践活动，如组织跨专业的项目合作、志愿服务等，以培养其团队精神和协作能力。高校还可以利用大数据技术，整合校内外优质资源，如在线学习平台、企业实习机会等，为学生提供多样化的技能提升途径。

在个性化就业指导过程中，高校还需关注学生的求职准备情况，并根据其能力变化和市场需求进行动态调整。通过优化简历内容，突出学生的优势和与目标岗位匹配的能力，指导学生撰写有针对性的求职信，展示其独特的职业素养和发展潜力。同时，模拟面试场景，对学生的表现进行点评和指导，提高其面试技巧和应对能力。随着学生参与学习和实践活动，其就业能力会不断发生变化。高校需及时更新评估数据，根据新的结果为学生提供新的发展建议和求职方向。还需密切关注就业市场动态，及时调整就业指导策略，确保学生能够在激烈的就业竞争中脱颖而出。

（二）就业竞争力的提升路径

综合分析学业成绩、技能测试、实践活动表现等多方面数据，详细了解学生在专业知识、通用技能、综合素质等维度的具体情况。有的学生专业知识扎实但沟通能力欠缺，有的学生实践经验丰富却理论基础薄弱。这种精准识别为后续的能力提升提供了明确方向。对于在某专业领域有突出表现的学生，高校可提供高级课程学习、科研项目参与等机会，进一步加深其专业深度。鼓励学生参加行业内的学术交流活动、竞赛等，拓宽视野，提升专业影响力。让在软件开发方面有优势的学生参与企业的实际项目开发，积累实战经验，增强在该领域的竞争力。若学生沟通能力不足，可安排沟通技巧培训课程，组织小组讨论、演讲等活动进行针对性训练。实践能力欠缺的学生，为其推荐合适的实习岗位，增加实际操作经验。还可利用在线学习资源，让学生自主学习提升短板能力[4]。

④ 赵岩.人工智能与大数据技术在人才培养与学生就业指导中的创新应用［J］.造纸装备及材料,2024,53(03):256-258.

大数据整合分析大量招聘信息，明确不同行业、岗位对人才能力的具体要求。学生根据评估结果和市场需求，调整专业学习方向和技能培养重点。当发现市场对人工智能领域人才需求旺盛，而自身在该方面有一定基础但能力不足时，可加强相关课程学习和项目实践，使自己的能力与市场需求更好匹配。根据评估出的优势和目标岗位要求，精心撰写简历，突出与岗位匹配的能力和经验。在面试准备中，针对自身优势进行重点展示，对薄弱环节提前准备应对策略。

（三）就业资源的精准化推荐

就业能力评估能全面了解学生的能力状况，涵盖专业知识、技能水平、综合素质等多个维度。依据详细的评估结果，将学生与合适的就业资源进行精准匹配。对于专业知识扎实、实践能力强的学生，推荐大型企业的实习和就业机会，这类企业通常对专业技能要求较高，学生能在其中发挥优势、获得成长。而对于沟通能力出色、有创意的学生，推送市场营销、广告策划等相关岗位的招聘信息和培训资源。若评估发现学生某方面技能不足，如编程技能薄弱，及时推荐编程培训课程、在线学习资料或相关实践项目，帮助学生快速提升技能。对于缺乏团队协作经验的学生，安排团队合作的实践活动和相关培训，增强其团队协作能力。通过问卷、访谈等方式了解学生的职业倾向，将符合其兴趣和目标的就业资源优先推荐。对金融行业有浓厚兴趣的学生，提供银行、证券等金融机构的招聘信息、行业讲座和实习机会，让学生能朝着自己期望的方向发展。

大数据实时监测就业市场需求，当某行业对特定技能人才需求增加时，及时为相关专业学生推荐该行业的就业资源和技能提升课程。通过就业能力评估实现就业资源的精准化推荐，高校能提高学生获取有效就业信息的效率，提升就业指导服务的质量，帮助学生更好地实现职业目标。

第三节　精准化就业指导及资源匹配

大数据浪潮下，实现高校学生精准化就业指导与资源匹配势在必行。它能提升就业服务质量，让学生与岗位高效对接。

一、精准化就业指导的理论基础

精准化就业指导是提升高校就业服务水平的关键。明晰其理论基础，能为实践提供方向，确保指导更科学、有效。

（一）职业兴趣与能力匹配理论

职业兴趣反映了个体对不同职业活动的喜好程度，是个体追求职业的内在动力。当个体从事自己感兴趣的职业时，会更有热情和动力，更愿意投入时间和精力去学习和探索，从而更容易取得职业成就。而职业能力则是个体完成特定职业任务的本领，包括专业知识、技能水平、综合素质等方面。只有具备相应的职业能力，个体才能胜任工作，实现职业目标。

科学的评估工具和方法，全面了解学生的职业兴趣类型和能力水平。职业兴趣可以通过兴趣量表等工具进行测量，将学生的兴趣分为不同的类型，如现实型、研究型、艺术型、社会型、企业型和常规型等。能力评估则可以从多个维度进行，包括学业成绩、技能测试、实践活动表现等，以准确把握学生的优势和劣势。对于兴趣和能力相匹配的学生，鼓励其深入发展相关职业领域，提供针对性的学习资源和实践机会，帮助其提升专业能力和竞争力。例如，对具有艺术兴趣且具备绘画、设计等能力的学生，推荐艺术设计类专业和相关职业岗位，并提供艺术展览参观、设计项目实践等机会，促进其在艺术领域的成长。若学生对某职业有浓厚兴趣，但当前能力不足，可制订能力提升计划，通过课程学习、培训、实习等方式弥补差距。而对于能力较强但兴趣缺乏的学生，帮助其重新审视职业兴趣，探索其他可能适合的职业方向，以实现兴趣和能力的更好匹配。

利用大数据技术可以收集和分析大量学生的就业数据、职业发展信息以及市场需求情况。通过对这些数据的挖掘和分析，能够更精准地了解不同职业对兴趣和能力的要求，以及学生的兴趣和能力分布特征。从而为每个学生提供更符合其实际情况的职业指导和资源匹配，提高就业指导的精准度和有效性。

（二）就业市场动态变化的理论

经济结构的转型升级会导致不同行业的兴衰变迁，新兴产业如人工智能、大数据、新能源等蓬勃发展，对相关专业人才需求激增；而一些传统产业则面临转型升级或淘汰，对人才需求结构发生改变。科技的飞速发展也在持续创造新的职业岗位和就业机会，同时使部分传统职业逐渐消失或发生变革。政策的制定和调整同样会对就业市场产生直接或间接的影响，如税收优惠政策、产业扶持政策等方面引导企业的发展方向和人才需求。利用大数据技术实时收集、分析就业市场信息，包括行业发展趋势、企业招聘需求、岗位技能要求等。通过对海量数据的挖掘和分析，准确把握就业市场的变化规律和趋势，为学生提供及时、准确的就业信息和职业建议。当发现某新兴行业人才需求旺盛时，高校应及时开设相关专业或课程，培养适应市场需求的专业人才[⑤]。

对于一些市场需求逐渐减少的专业，进行优化调整，注重培养学生的跨学科能力和综合素质，增强学生的就业适应性和竞争力。让学生认识到就业市场的变化性，鼓励学生不断学习和提升自己的能力，以适应市场的需求。帮助学生了解不同职业的发展前景和趋势，引导学生做好职业规划，根据市场变化及时调整职业目标和发展策略。为学生提供多样化的实践机会，使学生在实践中了解就业市场的实际需求。通过校企合作、实习实训、创新创业活动等方式，让学生接触实际工作场景，积累实践经验，提高职业技能和综合素质。

（三）个性化指导的数据支持

大数据能全面收集学生的多维度信息，涵盖学业成绩、课程表现、技能证书、实践活动、兴趣爱好、性格特点等。通过对这些数据的整合分析，可精准勾勒出每个学生的独特画像，清晰了解其优势、劣势、潜力和职业倾向。学习成绩优秀、具备较强逻辑思维能力且对数据分析感兴趣的学生，可能更适合数据分析师、统计学家等职业。

根据就业市场需求和企业招聘信息，为学生推送符合其能力和兴趣的岗位、实习机会、培训课程等。对于有创业意愿且具备创新能力的学生，提供创业项

---

⑤ 王浩.基于人力资源大数据开发视角的高校学生就业指导服务方法分析[J].中国就业，2024,(03)：62–63.

目、创业导师和创业资金支持等资源。跟踪学生在求职过程中的表现，如简历投递、面试情况、录用结果等，及时发现问题并给予针对性建议。若学生多次面试未通过，分析面试反馈数据，找出问题所在，如沟通能力不足、专业知识欠缺等，为其提供相应的提升方案。预测不同职业的发展前景和薪资水平，帮助学生做出更明智的职业选择。个性化指导的数据支持为高校精准化就业指导提供了强大助力，通过全面、准确的数据收集和分析，能为每个学生提供量身定制的就业指导和资源匹配，提高学生的就业成功率和职业满意度，促进学生的职业发展。

二、精准化就业指导的实施路径

在明确精准化就业指导理论基础后，探寻实施路径成为关键。合理路径可让指导落地，提高学生就业适配度。

（一）就业需求的动态分析

对海量数据进行整合处理，构建全面的就业需求数据库。通过对不同行业、不同岗位的招聘信息分析，了解企业对人才的技能、知识、经验等方面的要求，以及薪资待遇、职业发展空间等情况。

经济结构调整、新兴产业发展会带来新的就业机会和岗位需求，如人工智能、新能源、生物医药等领域的崛起，对相关专业人才需求旺盛。政策的出台和调整也会引导就业市场的变化，如鼓励创新创业的政策会增加对具有创新能力和创业精神的人才的需求。通过对不同时间段就业需求数据的对比，找出就业市场的变化规律和趋势。某些传统行业的岗位需求可能逐渐减少，而新兴行业的需求则不断增加；一些岗位对人才的技能要求也在不断更新和升级，从单一技能向复合技能转变。

根据就业市场需求调整专业设置和课程体系，增加新兴专业和课程，淘汰或优化与市场需求脱节的专业和课程。在教学过程中，注重培养学生的实践能力和创新能力，使学生所学知识和技能与就业市场需求紧密对接。根据就业需求分析结果，为不同专业、不同能力水平的学生提供针对性的职业建议和就业信息。对于就业市场需求大、竞争激烈的岗位，指导学生提前做好职业规划，提升自身竞争力；对于就业市场需求较小的专业，帮助学生拓宽就业渠道，寻找新的职业发展方向。通过就业需求的动态分析，高校能够及时掌握就业市场变化，为学生提供精准的就业指导和服务，提高学生的就业质量和就业竞争力。

（二）就业资源的智能推荐

利用大数据技术对学生的多源数据进行全面收集和深度分析。涵盖学生的学业成绩、课程偏好、技能掌握情况、实践活动经历、兴趣爱好、性格特点等多个方面。基于这些数据构建学生的精准画像，清晰呈现每个学生的优势、劣势、潜力以及职业倾向。具备较强编程能力、对软件开发有浓厚兴趣且性格沉稳细心的学生，更适合从事软件开发类职业。就业资源包括企业招聘信息、实习机会、培训课程、职业发展讲座、行业研究报告等。根据岗位类型、行业领域、技能要求、薪资待遇等维度对招聘信息进行分类；按照培训内容、适用人群、培训方式等对培训课程进行标注。确保就业资源的精准描述和有效组织。

根据学生的职业目标和能力水平，筛选出与之高度匹配的就业资源。对于有创业意愿且具备一定商业知识和创新能力的学生，推荐创业项目、创业导师资源和创业培训课程；对于希望进入金融行业的学生，推送金融企业的招聘信息、金融行业的培训课程和行业研究报告。实时更新就业资源信息，根据行业发展趋势和企业需求变化，及时调整推荐策略。当新兴行业如人工智能、大数据等快速发展时，增加相关领域的就业资源推荐；当传统行业进行转型升级时，为学生提供适应行业变革的培训课程和岗位信息。学生对推荐的就业资源进行评价和反馈，系统根据反馈信息不断优化推荐算法。若学生多次对某类岗位推荐不感兴趣，系统分析原因并调整推荐策略，减少类似岗位的推荐，增加符合学生兴趣和能力的岗位推荐。分析学生的社交关系、社交行为和社交兴趣，了解其社交圈子的职业分布和就业动态。通过社交网络为学生推荐潜在的就业机会和人脉资源，如校友推荐的企业岗位、行业专家分享的职业经验等。

（三）就业指导的反馈与优化

借助线上问卷、线下访谈、就业指导课程评价、求职过程跟踪记录等方式，广泛收集学生对就业指导的意见和建议。针对就业信息推送服务，收集学生对信息准确性、及时性、相关性的评价；在职业规划课程方面，了解学生对课程内容实用性、教师教学方法的看法。同时，与企业保持密切沟通，获取企业对高校毕业生质量、职业素养、专业技能等方面的反馈，掌握企业对人才的实际需求和期望。

对学生反馈的文本信息进行情感分析、主题建模，提取关键信息和潜在问题。通过对学生就业结果数据的分析，如就业岗位与专业匹配度、薪资水平、职业满意度等，评估就业指导的实际效果。分析不同专业、不同年级、不同性别学生的就业情况差异，找出就业指导中的薄弱环节和个性化需求。若发现某专业学生的就业岗位与专业匹配度较低，深入探究是专业设置与市场需求脱节，还是就业指导针对性不足。在职业规划方面，结合学生的兴趣、能力和就业市场需求，提供更加个性化的职业发展路径建议。对于就业技能培训，根据企业反馈的人才技能短板，增加相关课程和实践项目，如商务礼仪、沟通技巧、数据分析能力等培训。

在就业信息服务上，优化信息筛选和推荐算法，提高就业信息与学生需求的匹配度，为学生精准推送符合其职业目标和能力水平的岗位信息、实习机会和行业动态。引入虚拟现实（VR）、增强现实（AR）等技术，为学生提供更加真实的职业体验和面试模拟场景，提高学生的求职技能和应对能力。利用社交媒体平台和移动应用程序，开展线上就业指导活动，如线上讲座、在线咨询、求职经验分享等，方便学生随时随地获取就业指导服务。加强就业指导团队的建设，定期组织教师参加专业培训和企业实践，提高教师的业务水平和指导能力。通过长期跟踪毕业生的职业发展情况，如职业晋升、薪资增长、职业转换等，评估就业指导对学生职业发展的长期影响。根据跟踪评估结果，进一步调整和完善就业指导策略和方法，形成就业指导反馈与优化的闭环系统，确保就业指导工作不断适应就业市场变化和学生需求。参加就业指导研讨会、学术交流活动，分享就业指导的实践案例和研究成果，共同探讨解决就业指导中遇到的问题和挑战。与专业的人力资源机构、职业咨询公司合作，引入外部专业资源，为学生提供更加全面、专业的就业指导服务。

三、就业资源匹配的优化策略

精准化就业指导需优质资源匹配。如何优化匹配策略，让学生与就业资源高效对接，提升就业质量。

（一）就业信息的精准推送

依托大数据技术收集和整合多源就业信息，涵盖招聘网站、企业官网、社交媒体、行业论坛等渠道，构建全面且动态更新的就业信息数据库。对这些信息进行清洗和分类，按照岗位类型、行业领域、工作地点、薪资待遇等维度进行细致标注，为精准推送奠定基础。收集学生的学业成绩、专业课程、技能证书、实践经历、兴趣爱好、性格特点等信息，通过数据分析和挖掘技术，深入了解学生的优势、劣势、职业倾向和就业目标。擅长数据分析且对金融行业感兴趣的学生，其画像会突出数据分析技能和金融领域的职业偏好。根据学生的职业目标和能力水平，筛选出与之高度契合的岗位信息。考虑岗位的技能要求与学生所学专业和掌握技能的匹配度，以及工作地点、薪资待遇等因素是否符合学生的期望。为有创业意愿的学生推送创业项目、创业扶持政策和创业导师资源等相关信息。

根据学生的偏好和习惯，选择合适的推送渠道，如短信、邮件、APP 消息等。对于经常使用手机的学生，通过 APP 推送就业信息更为便捷；对于注重邮件沟通的学生，发送详细的邮件通知。推送内容也应丰富多样，除了岗位基本信息，还可提供企业介绍、行业动态、岗位发展前景等相关内容，帮助学生全面了解就业机会。若学生对某类岗位信息多次点击查看或申请，增加类似岗位的推送频率；若学生对某些信息不感兴趣或反馈信息不准确，分析原因并优化推荐算法，提高推送的精准度。当新兴行业崛起或传统行业转型升级时，及时调整信息收集和推送重点，为学生提供最新的就业机会。

（二）就业服务的个性化定制

在大数据时代，高校通过大数据分析学生的个体特征，包括学业成绩、专业技能、兴趣爱好、性格特点等多维度信息，能够精准勾勒每个学生的独特画像。这一画像不仅反映了学生的学术能力和实践技能，还揭示了其职业倾向和发展潜力。基于这一画像，高校可以为不同学生量身定制职业规划。对于学术能力强、有志深造的学生，提供考研、考博的全方位指导，包括目标院校的选择、备考计划的制定以及复试技巧的培训等。对于实践能力突出、倾向就业的学生，则深入分析就业市场需求，结合学生的专业背景和技能水平，为其匹配适合的岗位，并制订详细的求职计划，助力学生顺利步入职场。

在就业服务的个性化定制中，高校还关注学生的技能提升和求职准备情况。对于沟通能力不足的学生，高校可以开展专门的沟通技巧培训，如模拟面试、商务谈判训练等，通过实战演练提升学生的表达能力和应变能力。对于缺乏简历撰写技巧的学生，提供个性化的简历修改建议和模板，帮助学生打造更具吸引力的求职材料。此外，高校还可以根据学生的职业目标和兴趣，精准推送相关岗位、实习机会和行业动态，让学生及时了解市场动态，把握求职先机。例如，对于意向金融行业的学生，高校可以推送银行、证券等企业的招聘信息和金融行业研究报告，帮助学生深入了解行业趋势和岗位要求。

在就业过程中，学生的心理健康和职业发展同样重要。高校应密切关注学生的心理状态，对于求职受挫易产生焦虑情绪的学生，及时给予心理疏导和支持，帮助学生调整心态，重拾信心。同时，对于职业发展迷茫的学生，提供专业的职业建议和指导，帮助其树立正确的职业观和职业规划意识。此外，高校还应建立长效的跟踪服务机制，对毕业生的职业发展情况进行持续关注和支持。通过定期回访、校友联谊等方式，了解毕业生的职业发展状况，为其提供必要的帮助和资源，促进毕业生的职业成长和发展。这种全方位的就业服务个性化定制，不仅提升了高校就业指导的针对性和有效性，也为学生提供了更加全面、贴心的支持。

（三）就业匹配效果的量化评估

构建全面且合理的评估指标体系涵盖就业岗位与专业的匹配度，衡量学生所学专业知识和技能在工作中的应用程度；薪资福利匹配度，对比学生期望薪资与实际获得薪资，以及企业提供的福利水平；职业发展匹配度，考察岗位的晋升空间、培训机会是否符合学生的职业规划。还需考虑工作地点、企业文化等因素与学生期望的契合度。

从学校就业管理系统获取学生就业信息，包括就业单位、岗位、薪资等；通过问卷调查收集学生对就业岗位的满意度、职业发展预期等主观数据；与企业合作，获取学生在工作中的表现、绩效评估等数据。全面整合这些数据，为量化评估提供丰富素材。可以运用层次分析法确定各评估指标的权重，结合模糊综合评价法对就业匹配效果进行综合打分。通过数据分析，直观展示每个学生的就业匹配程度，以及整体就业匹配效果的分布情况。若发现某专业学生就业岗位与专业匹配度较低，需探究是专业设置与市场需求脱节，还是就业指导针对性不足。对于薪资福利匹配度不高的情况，分析是就业市场大环境影响，还是学生自身求职期望过高。对于专业与岗位匹配度低的问题，优化专业课程设置，加强实践教学，提高学生专业技能与市场需求的契合度；在就业指导中，引导学生树立合理的求职期望，提供针对性的求职技巧培训。根据量化评估结果，为企业和学生提供个性化的就业建议，促进更精准的就业匹配。通过定期回访，了解学生在工作中的晋升情况、职业转换情况等，评估就业匹配对学生长期职业发展的影响。

第八章　高校学生数据管理系统的构建及策略

大数据为高校学生管理带来海量数据，有效管理这些数据成为关键。构建科学的学生数据管理系统，能挖掘数据价值，助力高校管理决策。本章将围绕高校学生数据管理系统的架构设计展开，探讨数据安全、隐私保护策略及系统优化路径，以提升管理效能。

第一节　学生数据管理系统的架构设计

大数据时代，高校构建学生数据管理系统意义重大。架构设计是系统搭建的基石，合理设计能保障系统高效运行。

一、系统架构的设计原则

构建高校学生数据管理系统，架构设计是核心。明确设计原则是架构合理搭建的前提，能保障系统功能完备、运行稳定。

（一）数据驱动的设计理念

全面采集学生的多维度数据，涵盖学业成绩、考勤记录、社团活动、心理健康状况等，为系统提供丰富的数据基础。建立高效的数据存储机制，采用分布式存储和数据库管理系统，确保数据的安全性和可扩展性。去除重复、错误的数据，将不同来源的数据进行统一整合，挖掘数据背后的潜在信息和规律。通过分析学生的学习行为数据，发现学生的学习习惯和兴趣偏好，为个性化教学和辅导提供依据。预测学生的学业发展趋势，提前发现可能存在学业困难的学生，采取针对性的干预措施；评估教学质量和课程设置的合理性，为教学改革提供数据支持；了解学生的就业意向和职业能力，优化就业指导服务。采用实时数据采集和处理技术，对学生的日常行为和学习状态进行实时监测和分析。建立数据更新机制，定期对学生数据进行更新和维护，保证数据的准确性和有效性。在系统设计过程中，遵循数据驱动的设计理念，以数据为导向，充分发挥数据的价值，为高校学生管理提供科学、精准的决策依据，促进高校教育教学质量和管理水平的提升。

（二）模块化与可扩展性

模块化设计将系统按照功能和业务逻辑划分为多个相对独立的模块，每个模块负责特定的功能，如学生信息管理模块负责存储和管理学生的基本信息，包括姓名、性别、学号、出生日期等；成绩管理模块专注于学生各科目成绩的录入、查询和统计分析；考勤管理模块则对学生的出勤情况进行记录和监控。这种划分使得系统结构清晰，易于理解和开发。开发人员可以根据模块的功能特点，独立进行开发和测试，提高开发效率。在学生信息管理模块开发过程中，开发人员可以专注于数据的存储和检索算法，确保学生信息的准确和高效管理。

成绩管理模块需要从学生信息管理模块获取学生的基本信息，以便在成绩报表中显示学生的姓名和学号等信息，这时两个模块就通过接口进行数据交互。标准化的接口设计使得模块之间的耦合度降低，一个模块的修改或升级不会对其他模块产生影响。当成绩管理模块需要增加新的统计分析功能时，只要保证接口的兼容性，就可以独立对该模块进行修改，而不会影响到学生信息管理模块和其他模块的正常运行。由于每个模块的功能相对独立，当系统出现故障时，可以快速定位到问题所在的模块。如果学生在查询成绩时出现错误，开发人员可以首先检查成绩管理模块，而不必对整个系统进行全面排查。这大大缩短了故障修复的时间，提高了系统的可靠性和稳定性。随着高校教育信息化的不断发展，学生数据管理系统需要不断增加新的功能和模块。在招生规模扩大时，需要增加招生管理模块，对新生的报名、录取等信息进行管理；在开展国际化交流项目时，需要增加国际学生管理模块，处理国际学生的签证、学籍等特殊信息。选择符合行业标准的数据库管理系统和编程语言，如 MySQL 数据库和 Java 语言，这些技术具有广泛的应用和良好的兼容性，便于与其他系统进行集成①。

采用面向服务的架构（SOA）思想，将系统的功能封装成独立的服务，通过服务总线进行调用和管理。这样，当需要增加新的功能时，只需要开发新的服务并注册到服务总线上，就可以方便地与现有系统进行集成。分布式存储可以将数据分散存储在多个节点上，避免单点故障，提高数据的安全性和可靠性。云计算技术可以根据系统的实际需求动态分配计算资源，确保系统在高并发情况下的稳定运行。当在毕业季时，大量学生同时查询成绩和下载毕业证明等文件，云计算技术可以自动增加计算资源，保证系统的响应速度。在增加新功能和模块时，要确保系统的界面设计和操作流程的一致性，使用户能够快速适应新的功能。可以采用渐进式的扩展方式，逐步引入新的功能，给用户足够的时间来学习和适应。

随着时间的推移，学生数据的种类和数量会不断增加，系统需要能够方便地存储和处理这些新的数据。采用灵活的数据模型和数据结构，能够适应不同类型的数据存储需求。在学生参与创新创业项目时，系统需要记录学生的项目成果、获奖情况等新的数据，灵活的数据模型可以方便地添加这些新的数据字段，而不会对现有数据结构产生影响。模块化与可扩展性的设计原则使得高校学生数据管理系统具有良好的结构和灵活性，能够适应不断变化的业务需求和技术发展，为高校的学生管理工作提供有力的支持。通过合理的模块化设计和可扩展性架构，系统可以更加高效地开发、维护和升级，提高高校教育信息化的水平。

（三）用户友好性与易用性

在界面设计上追求简洁直观，采用清晰的布局和合理的色彩搭配，避免复杂的界面元素和过多的信息堆砌。学生和管理人员能够迅速找到所需功能入口，如学生查询成绩、查看个人信息，管理人员进行数据录入和统计分析等操作都一目了然。菜单设计采用分层结构，主要功能置于显著位置，次要功能通过下拉菜单或子菜单展开，方便不同用户快速定位操作选项。

对于常见操作，如学生注册、信息修改等，设置一键式操作或向导式指引，

---

① 朱训焜，唐亚男."互联网+"视域下大学生管理措施研究［J］.办公自动化，2024，29(03)：27-29.

引导用户逐步完成操作。数据录入过程中，提供智能提示和自动填充功能，提高数据录入的准确性和效率。学生在填写个人信息时，系统根据已有的基础数据自动填充部分内容，用户只需对差异部分进行修改。在用户进行数据提交、查询等操作后，系统立即给出明确的提示信息，告知操作结果。操作成功时显示"操作成功"提示框，出现错误时详细说明错误原因和解决方法。提供进度条或加载动画，让用户了解操作的执行进度，避免因长时间等待而产生焦虑。除了传统的鼠标点击操作，支持键盘快捷键、触摸屏操作等，满足不同设备和场景的使用需求。为技术水平较低的用户提供详细的使用说明和视频教程，方便他们快速上手。在系统中设置常见问题解答板块，用户遇到问题时可以随时查阅。注重系统的兼容性和稳定性，确保在不同的浏览器、操作系统和设备上都能正常使用。进行严格的兼容性测试，保证系统在主流浏览器如 Chrome、Firefox 以及 Windows、Mac OS 等操作系统上都能呈现良好的效果。优化系统性能，减少系统响应时间和卡顿现象，提高用户的使用体验。

二、系统架构的核心模块

遵循系统架构设计原则后，了解核心模块至关重要。核心模块是系统的关键组成，决定系统功能发挥。

（一）数据采集与接入模块

广泛采集多维度学生数据是该模块的首要任务。涵盖学生基本信息，如姓名、性别、出生日期、家庭住址等，这些信息是识别和管理学生的基础；学业数据，包括课程成绩、考试排名、学分获得情况等，反映学生的学习成果和学术表现；考勤数据，记录学生的出勤情况，能体现学生的学习态度和自律性；行为数据，像图书馆借阅记录、校园消费记录、社团活动参与情况等，可洞察学生的兴趣爱好和日常行为模式；心理数据，通过心理测评和咨询记录收集，有助于关注学生的心理健康状况。

对于学生基本信息，可在入学时通过线上报名系统或纸质表格收集，再统一录入系统；学业数据从教务管理系统中直接获取，实现数据的自动化采集；考勤数据利用校园一卡通刷卡记录、教室考勤设备等方式收集；行为数据可通过校园内的各类信息化系统，如图书馆管理系统、消费结算系统等进行收集；心理数据则通过专业的心理测评软件和心理咨询平台进行采集。支持多种数据接口标准，如 XML、JSON 等，以适配不同系统和设备的数据传输格式。对于教务管理系统、财务系统等校内已有信息系统，通过数据接口进行对接，实现数据的实时或定期同步；对于外部数据源，如教育部门发布的统计数据、第三方机构的调研数据等，可通过网络接口进行数据获取。对采集到的数据进行初步的清洗和验证，去除重复、错误和无效的数据，确保数据的准确性和一致性。采用数据加密技术，保障数据在传输和存储过程中的安全性，防止学生隐私信息泄露。当出现数据采集异常或接入故障时，及时发出警报并进行处理，确保数据采集与接入工作的稳定运行。

（二）数据存储与管理模块

底层采用大容量的分布式文件系统，像 Hadoop Distributed File System（HDFS），能够处理海量的非结构化和半结构化数据，比如学生的论文、作业文档、活动照片等。中层使用关系型数据库，如 MySQL 或 Oracle，存储结构化的学生数据，像基本信息、成绩、考勤记录等，以保证数据的一致性和完整性。上层可设置缓存系统，如 Redis，用于存放频繁访问的数据，提升系统的响应速度。依据数据的类型、用途和时间等维度进行分类存储，方便快速检索和查询。为数据建立详细的元数据，记录数据的来源、格式、更新时间等信息，便于数据的追溯和管理。采用数据加密技术，对敏感数据进行加密处理，防止数据在存储和传输过程中被窃取或篡改。定期进行数据备份，建立容灾机制，确保在遇到自然灾害、系统故障等情况时，数据能够及时恢复，保障系统的正常运行。当学生信息发生变更时，能够及时更新数据库中的相应数据；定期对数据进行清理，删除过期或无效的数据，以节省存储空间，提高系统的运行效率。

（三）数据分析与应用模块

在学业分析方面，通过对学生成绩数据的深入剖析，构建成绩预测模型。分析课程之间的关联度和学生在不同阶段的学习表现，预测学生未来的学业成绩走势。依据分析结果为学习困难学生制定个性化辅导计划，为学有余力学生推荐拓展学习资源。还能评估教师教学效果，发现教学过程中存在的问题，为教学方法和课程设置的优化提供参考。

针对学生行为分析，整合校园一卡通消费数据、图书馆借阅记录、社团活动参与情况等多源数据，全面了解学生的生活习惯和兴趣爱好。通过分析消费数据掌握学生的消费模式和经济状况，为困难学生提供精准资助。根据图书馆借阅记录洞察学生的阅读偏好，为其推荐相关书籍和学习资料。对社团活动参与情况的分析有助于发现学生的特长和潜力，引导学生积极参与适合的社团活动，促进综合素质提升。当发现学生出现异常行为或心理指标偏离正常范围时，及时发出预警，以便学校心理辅导老师进行干预。还能分析不同年级、专业学生的心理特点和需求，开展针对性的心理健康教育活动，提高学生的心理素质。为学生提供个性化的就业指导和职业规划建议，帮助学生了解自身优势和不足，选择适合的职业方向。同时，分析企业的招聘需求和行业发展趋势，为学校的专业设置和课程改革提供参考，提高毕业生的就业质量。为招生计划的制定、教学资源的分配、学生管理政策的调整等提供数据支持，使学校管理决策更加科学、合理。数据分析与应用模块通过对学生多维度数据的深入分析和有效应用，为高校学生管理提供全方位的支持，促进高校学生管理工作向智能化、精细化方向发展，提升高校的管理水平和人才培养质量。

三、系统架构的技术实现

明确学生数据管理系统架构的设计原则与核心模块后，技术实现是落地关键。合适技术支撑能让架构变为实用系统。

（一）分布式存储与计算技术

采用分布式文件系统，如 Ceph 或 GlusterFS，它们具备高可扩展性和容错能力，能有效应对学生数据量的不断增长。在存储学生的多媒体资料、学术作品等非结构化数据时，分布式文件系统可根据数据的特性和访问频率进行智能存储，提高数据的读写性能。同时，数据会在多个节点进行冗余存储，当某个节点出现故障时，可从其他节点快速恢复数据，保障数据的安全性和可用性。分布式计算技术能够并行处理大规模学生数据，加速数据分析和处理的速度。以 Hadoop MapReduce 为例，它将复杂的数据处理任务分解为多个子任务，在多个计算节点上并行执行。在分析学生的学业成绩、行为数据等大规模数据集时，MapReduce 可显著缩短处理时间，提高系统的响应速度。此外，Spark 作为一种快速通用的集群计算系统，支持内存计算，具有更高的计算效率。利用 Spark 可以实现实时数据分析，如实时监测学生的考勤情况、在线学习行为等，为高校的实时决策提供支持。结合分布式存储与计算技术，高校学生数据管理系统能够高效地存储和处理海量学生数据。分布式存储确保数据的安全存储和可靠访问，分布式计算则实现了数据的快速处理和分析。

（二）数据接口与集成技术

针对学生管理系统与教务系统的对接，可采用 RESTful API 接口，它具有轻量级、易使用和跨平台的特点。通过该接口，学生管理系统能实时获取教务系统中的课程安排、成绩信息等。对于财务系统与学生管理系统的数据交互，可运用 SOAP 接口，其基于 XML 协议，能保证数据传输的规范性和安全性，从而获取学生的缴费记录、奖学金发放情况等信息。随着高校信息化建设的推进，可能会引入新的业务系统或更新现有系统，标准化接口应能适应这些变化。例如，采用开放的数据格式和协议，方便新系统的接入和旧系统的升级改造。

从不同数据源中提取学生数据，如从学生信息系统、图书馆管理系统等提取学生基本信息、借阅记录等。对提取的数据进行清洗和转换，去除重复、错误的数据，统一数据格式和编码，使不同来源的数据具有一致性。将处理后的数据加载到学生数据管理系统的数据库中，实现数据的集中存储和管理。在学生考勤管理中，通过实时数据集成，可将门禁系统采集的学生出入信息实时同步到学生数据管理系统，以便及时掌握学生的出勤情况。采用消息队列技术，如 Kafka 或 RabbitMQ，可实现不同系统之间的实时数据传输和处理。数据接口与集成技术通过标准化接口实现不同业务系统的数据对接，利用 ETL 等技术进行数据的清洗、转换和加载，同时结合实时数据集成技术确保数据的及时性和准确性。

（三）系统性能的优化策略

选用高性能的多核处理器，能并行处理多个数据任务，加快数据处理速度。比如在进行大规模学生成绩分析时，多核处理器可同时对不同课程成绩进行计算和统计，提高分析效率。配备大容量内存，能减少数据从磁盘读取的次数，加快数据访问速度。当系统需要处理大量学生信息查询请求时，充足的内存可缓存常用数据，使查询操作能直接从内存中获取数据，缩短响应时间。同时，采用高速磁盘阵列，如 RAID 0、RAID 10 等，提高磁盘读写性能。高速磁盘阵列可将数据分散存储在多个磁盘上，并行读写数据，大大加快数据的存储和读取速度，尤其适用于存储和处理海量的学生多媒体资料、历史数据等。

构建高速稳定的校园网络环境，升级网络设备，如采用万兆以太网交换机，能提高数据传输速率。在学生数据管理系统与各数据源之间进行数据交互时，高速网络可确保数据快速、准确传输，避免数据传输延迟。优化网络拓扑结构，减少网络节点和链路的拥塞。合理规划网络布局，设置多个数据中心和备用链路，当某一链路出现故障时，可自动切换到备用链路，保证数据传输的连续性。还可采用网络虚拟化技术，将物理网络资源进行抽象和整合，提高网络资源的利用率和灵活性。对数据库表进行合理设计，根据学生数据的特点和使用频率进行表的拆分和合并。将常用的学生基本信息表和不常用的历史奖惩记录表分开存储，减少数据冗余，提高查询效率。对数据库进行索引优化，为经常用于查询条件的字段创建索引。在查询学生成绩时，为课程名称、学号等字段创建索引，可快速定位到所需数据，减少全表扫描的时间。定期对数据库进行维护，如清理过期数据、碎片整理等，保证数据库的性能稳定。

采用高效的算法和数据结构，减少程序的运行时间和内存占用。在处理学生数据排序时，使用快速排序算法比冒泡排序算法更高效。对应用程序进行代码优化，减少不必要的计算和数据处理步骤。合理使用缓存技术，如 Redis 缓存，将经常访问的数据存储在缓存中，当有相同数据请求时，直接从缓存中获取，减少数据库的访问压力。将系统拆分为多个微服务，每个微服务专注于特定的业务功能，如学生信息管理、成绩管理等。微服务之间通过 API 进行通信，可独立开发、部署和扩展。当学生数据量增加或业务需求变化时，可针对具体的微服务进行扩展，而不影响整个系统的运行。使用负载均衡技术，将用户请求均匀分配到多个服务器上，避免单个服务器负载过高。常见的负载均衡算法有轮询、加权轮询等，可根据服务器的性能和负载情况动态调整请求分配策略。

建立系统监控机制，实时监测系统的各项性能指标，如 CPU 使用率、内存使用率、网络带宽等。当发现性能指标异常时，及时进行预警和处理。根据监控数据进行性能分析，找出系统的性能瓶颈，如数据库查询慢、网络延迟等问题。针对性能瓶颈进行针对性优化，如调整数据库配置、优化网络拓扑等。通过不断地监控和优化，使系统性能始终保持在最佳状态。

第二节　数据安全及隐私保护的策略

在构建高校学生数据管理系统时，数据安全与隐私保护不容忽视。这关系学生权益与学校信誉，需有效策略保障。

一、数据安全的技术保障

在高校学生数据管理系统中，数据安全是重中之重。技术保障作为守护数据的坚固盾牌，能有效防范各类风险，确保数据的保密性与完整性。

（一）数据加密与传输安全

对称加密算法，如 AES（高级加密标准），其特点是加密和解密使用相同的密钥，具有加密速度快、效率高的优势。在对学生的日常考勤数据、简单成绩信息等大量数据进行加密存储时，AES 算法能在保证数据安全的同时，快速完成加密操作，不影响系统的正常运行。而非对称加密算法，像 RSA 算法，使用公钥和私钥进行加密和解密。公钥用于加密数据，私钥用于解密数据，安全性更高。在处理学生的敏感信息，如身份证号、银行卡号等时，采用 RSA 算法加密，即使数据在传输过程中被截取，没有私钥也无法解密，有效保护了学生的隐私。在高校学生数据管理系统与外部系统进行数据交互，或者学生通过网络访问系统时，SSL/TLS 协议能在通信双方之间建立安全的加密通道。在学生登录系统进行信息查询时，系统会自动启用 SSL/TLS 协议对传输的数据进行加密，防止数据在网络传输过程中被监听和窃取。同时，VPN（虚拟专用网络）技术也可用于保障数据传输安全。高校可建立自己的 VPN 网络，当学生在校园外访问学生数据管理系统时，通过 VPN 连接到校内网络，数据在 VPN 通道内进行加密传输，确保数据传输的安全性和完整性。对传输的数据进行哈希运算生成哈希值，再用私钥对哈希值进行加密形成数字签名。接收方在收到数据后，使用公钥对数字签名进行解密，并重新计算数据的哈希值，将两者进行比对。如果一致，则说明数据在传输过程中没有被篡改，保证了数据的真实性和完整性。

数据加密与传输安全通过采用对称加密和非对称加密算法对数据进行加密存储，利用 SSL/TLS 协议、VPN 技术建立安全的传输通道，结合数字签名技术确保数据的真实性和完整性[②]。

（二）访问控制与权限管理

根据高校不同部门和岗位的职责，定义不同的角色，如学生辅导员、教务管理人员、财务人员等。为每个角色分配特定的权限，学生辅导员可查看和修改所负责学生的基本信息、考勤情况；教务管理人员能管理学生的课程安排、成绩录入；财务人员可处理学生的缴费信息。这样，通过角色来管理用户的访问权限，简化了权限管理过程，提高了管理效率。

在用户登录系统时，除了要求输入用户名和密码外，还需提供额外的身份验证信息，如短信验证码、指纹识别或面部识别。学生辅导员在登录系统时，输入正确的用户名和密码后，系统会向其预留的手机发送验证码，输入正确验证码才

---

② 刘雪峰.大数据时代高校就业管理精细化研究［J］.内蒙古大学学报(哲学社会科学版),2024,56(03):59-65.

能登录，有效防止他人盗用账号。对用户的访问行为进行实时监控，记录用户的登录时间、操作内容等信息。当发现异常访问行为，如频繁尝试登录失败、越权访问数据等，系统会自动发出警报，并采取相应的措施，如限制该用户的访问权限或暂时锁定账号。定期对权限分配进行审计，检查是否存在权限滥用或不合理分配的情况，及时进行调整和修正。访问控制与权限管理通过基于角色的访问控制明确不同用户的权限范围，利用多因素认证机制增强登录安全性，结合权限审计和监控机制及时发现和处理异常访问行为。

（三）数据备份与容灾机制

全量备份会对系统中的所有学生数据进行完整备份，比如每月进行一次全量备份，这样能确保有一个完整的数据副本。增量备份则是在全量备份的基础上，仅备份自上次备份以来发生变化的数据，例如每天进行增量备份。这种方式既保证了数据的完整性，又减少了备份所需的时间和存储空间。采用本地和异地存储相结合的方式。本地存储可使用磁带库、磁盘阵列等设备，将备份数据存储在学校的数据中心，方便在日常维护和数据恢复时快速访问。同时，选择异地存储，将备份数据存放在距离学校较远的另一个数据中心。当学校所在地区发生自然灾害、火灾等意外事件时，异地存储的数据能保证数据的安全性和可恢复性。建立热备中心和冷备中心。热备中心与主数据中心实时同步数据，采用双机热备或集群技术，当主数据中心出现故障时，热备中心能迅速接管业务，保证系统的连续性。冷备中心则定期接收主数据中心的备份数据，在热备中心也出现问题时，可利用冷备中心的数据进行恢复，虽然恢复时间相对较长，但能确保数据不会丢失。

当检测到主数据中心出现故障时，系统能自动或手动切换到热备中心。在切换过程中，确保业务的连续性和数据的一致性。制定详细的数据恢复流程，包括从备份数据中恢复系统和数据的步骤，定期进行演练，确保在实际发生灾难时，相关人员能熟练操作，快速恢复业务。检查备份数据的完整性和可用性，确保备份数据能正常恢复。对容灾系统的硬件设备、软件系统进行定期维护和更新，保证其性能和稳定性。数据备份与容灾机制通过定期全量备份和增量备份相结合、本地和异地存储相结合的方式保证数据的备份安全。利用热备中心和冷备中心构建容灾体系，制定完善的容灾切换策略和恢复流程。同时，对备份数据和容灾系统进行定期检查和维护。

二、隐私保护的法律与伦理框架

在高校学生数据管理中，技术保障虽重要，法律与伦理框架同样不可缺。其为隐私保护划定边界、指明方向，确保数据使用合法合规且符合道德。

（一）隐私保护的法律法规

国家层面的《中华人民共和国网络安全法》明确了网络运营者在收集、使用个人信息时应遵循合法、正当、必要的原则，须经被收集者同意，并对个人信息严格保密，采取技术措施和其他必要措施保障个人信息安全。高校作为学生数据的收集和管理者，必须遵守该法规定，确保学生数据在收集、存储和使用过程中的安全性。《中华人民共和国个人信息保护法》进一步细化了个人信息处理规则，要求处理者明确处理目的、方式和范围，履行告知义务，保障个人对其信息的查阅、复制、更正、删除等权利。高校在处理学生数据时，要向学生充分告知数据使用情况，学生有权知晓其个人信息被如何使用，当发现信息有误时可要求更正。教育部也出台了相关教育领域的政策文件，强调保护学生个人隐私。要求高校建立健全学生信息管理制度，严格规范学生信息的访问、使用和共享流程。未经学生本人同意，不得将学生信息提供给第三方，防止学生信息在教育系统内外的不当泄露。同时，一些地方性法规也结合本地实际情况，对高校学生数据隐私保护作出了具体规定。这些法规对高校学生数据的收集范围、存储期限、安全措施等方面提出了更细致的要求，促使高校在学生数据管理中更加注重隐私保护。隐私保护的法律法规从国家到地方形成了一个较为完善的体系，为高校学生数据隐私保护提供了全方位的保障。

（二）数据使用的伦理规范

在大数据时代的高校大学生管理研究中，数据收集的伦理规范至关重要。高校在收集学生数据前，必须向学生充分说明数据收集的目的、用途和范围，确保学生在完全知情的情况下自愿提供数据。这一过程体现了对学生自主性的尊重，是数据使用伦理的基础。通过明确的告知和同意机制，学生可以了解自己的数据将如何被使用，从而做出理性的决策。同时，这也为高校后续的数据使用提供了合法性基础，避免了因数据收集不当而引发的伦理争议和法律风险。

在使用学生数据进行分析和决策时，高校应确保评价标准和过程的公平公正。这意味着不能仅仅依据学生的成绩、家庭背景等单一数据进行评价，而应综合考虑多方面因素，如学生的能力、兴趣、努力程度等，以确保评价结果能真实反映学生的实际情况。此外，高校在使用学生数据时，应严格遵守数据使用的目的和范围，不得将数据用于违背学生利益的目的。例如，在利用学生数据进行评价、选拔等活动时，要确保过程的透明度和公正性，避免数据偏差或不当使用导致对学生的不公平对待。这种公正的数据使用方式，有助于维护学生的合法权益，促进教育公平。

高校应向学生公开数据的使用情况，包括数据的收集者、使用者、使用方式和使用期限等信息，提高数据使用的透明度。学生有权了解自己的数据被如何使用，当对数据使用有疑问时，高校应及时给予解答和说明。此外，高校在收集和使用学生数据时，应遵循最小必要原则，即仅收集和使用与管理目的相关的最少数据量，避免过度收集和滥用学生数据。对于不再需要的数据，应及时进行删除或匿名化处理，以降低数据泄露的风险。这种透明度和最小必要原则的应用，有助于保护学生的隐私权益，防止数据滥用和泄漏，为高校学生数据的合理使用提供了道德指引和保障。

（三）隐私保护的透明度与问责机制

在数据收集阶段，需明确告知学生收集数据的目的、范围、方式以及存储期限。通过校园官网、入学手册、专门通知等渠道，详细说明收集的数据是用于教学管理、学生服务，还是科研分析等。例如，若收集学生的健康数据，应说明是为了完善校园医疗服务和保障学生健康。同时，公开数据收集方式，如通过线上问卷、校内系统自动采集等，让学生清楚自己的数据是如何被获取的。对于存储期限，要明确达到一定时间或条件后数据将被删除或匿名化处理。若将学生数据与第三方共享，需说明共享的目的、对象以及第三方对数据的使用规则。比如，与企业合作开展就业指导项目而共享学生部分就业意向数据时，要让学生知晓企业会如何使用这些数据，以及数据的安全保障措施。并且，提供便捷的查询渠道，让学生随时了解自己数据的使用动态。

高校需建立明确的责任体系，确定数据管理各个环节的责任主体。从数据收集者、管理者到使用者，都要对数据的安全和隐私保护负责。一旦发生数据泄露或滥用事件，能够迅速确定责任归属。制定严格的处罚措施，对违反隐私保护规定的个人或部门进行严肃处理。处罚方式可包括警告、记过、停职等，情节严重的要追究法律责任。同时，设立专门的监督机构，对数据处理过程进行全程监督，确保责任落实到位。监督机构要定期检查数据管理工作，对发现的问题及时提出整改意见，并跟踪整改情况。当学生发现自己的隐私权益受到侵害时，能够方便地进行投诉。高校要及时受理投诉，进行调查和处理，并将处理结果反馈给学生。通过这种方式，增强学生对高校数据隐私保护工作的信任，形成良好的互动氛围[③]。

三、数据安全与隐私保护的实践策略

仅有技术保障与法律伦理框架还不够，在高校学生数据管理中，需将理念转化为实践。有效的实践策略能真正筑牢数据安全与隐私保护防线。

（一）数据分级分类管理

对高校学生数据进行分级，依据数据泄露后可能造成的影响程度，可分为高度敏感、中度敏感和一般敏感三个等级。高度敏感数据包含学生的身份证号、银行卡号、健康隐私信息等，这类数据一旦泄露，会给学生带来严重的经济损失、人身安全威胁或名誉损害。中度敏感数据有学生的学习成绩、奖惩记录、家庭经

---

③ 郭宇.大数据技术在学生就业指导中的应用[J].电子技术,2023,52(05):350-351.

济状况等，泄露后可能影响学生的学业发展、心理状态或社会评价。一般敏感数据如学生的兴趣爱好、参加的社团活动等，虽泄露后影响相对较小，但也需适当保护。可分为个人基本信息类，涵盖姓名、性别、出生日期等；学业信息类，包含课程成绩、考试记录、学分情况等；生活信息类，如住宿情况、消费记录、出勤记录等；社交信息类，有校内社交关系、网络社交账号等。

对于高度敏感数据，要实施严格的访问控制，仅允许少数经过授权的人员查看和使用，采用加密技术存储和传输，定期进行数据备份，并设置多重安全防护机制。中度敏感数据需限制访问范围，建立审批流程，确保数据使用符合规定，加强数据监控，及时发现异常访问行为。对于一般敏感数据，可适当放宽访问权限，但也要进行合理管理，避免大规模泄漏。随着高校业务的发展和学生情况的变化，数据的分级分类并非一成不变，需要定期进行评估和调整。要建立相应的更新机制，及时将新产生的数据纳入分级分类管理体系，保证数据管理的有效性和适应性。通过数据分级分类管理，高校能够更加精准地保护学生数据安全与隐私，合理分配管理资源，提升数据管理的整体效率和水平。

（二）隐私影响评估机制

评估收集的数据是否与高校的教学、管理和服务目标直接相关，避免过度收集学生信息。对于收集方式，要检查是否遵循合法、正当、透明的原则，是否在收集前向学生充分告知相关信息。同时，评估数据的来源是否可靠，防止从不可信的渠道获取学生数据带来隐私风险。

检查存储设施是否具备足够的物理安全防护，防止数据因自然灾害、人为破坏等原因丢失或泄漏。评估数据存储的技术手段，如是否采用加密技术对数据进行加密存储，是否设置访问权限控制，确保只有授权人员能够访问数据。还要考虑数据备份策略，定期进行数据备份并存储在安全的位置，以应对可能的数据丢失情况。要审查数据使用的目的是否与收集时的目的一致，是否存在滥用学生数据的情况。评估数据使用过程中的匿名化处理程度，确保在使用数据进行分析和决策时，不会泄露学生的个人身份信息。同时，检查数据共享情况，若将数据共享给第三方，要评估第三方的安全保障能力和数据使用合规性，签订严格的数据共享协议，明确双方的权利和义务。检查销毁方式是否可靠，如是否采用数据擦除、粉碎存储介质等方式，防止数据被恢复和再次利用。同时，建立数据销毁记录，以便后续审计和追溯。定期对高校的数据处理活动进行全面评估，及时发现潜在的隐私风险。在引入新的技术、开展新的业务或处理新类型的数据时，进行动态评估，确保隐私保护措施能够适应变化。

（三）安全事件的应急响应

在大数据时代的高校大学生管理研究中，数据安全事件的快速响应与初步处置是保障学生数据安全和系统稳定的关键。一旦检测到数据泄露、恶意攻击等安全事件，高校应立即启动应急响应机制，迅速隔离受影响的系统和数据，以阻止事件进一步扩大。技术团队需立即展开调查，利用专业工具和技术手段，快速确定事件的性质、范围和影响程度，同时分析攻击手段和可能存在的系统漏洞。这一快速响应和初步处置的过程，旨在最小化安全事件对学生数据安全和学校正常运营的影响，为后续的恢复和补救措施赢得宝贵时间。

在应急响应过程中，及时、准确的信息通报至关重要。高校需向相关人员，包括学校管理层、受影响的学生以及监管部门，全面、真实地通报事件情况，确保信息的透明度和公信力。对于学生，应如实告知事件经过、已采取的应对措施以及后续安排，保障学生的知情权，减轻其恐慌和不安情绪。对于监管部门，要严格按照规定及时报告事件详情，积极配合调查和处理工作，确保合规性。同时，高校还需对受影响的学生提供必要的支持和帮助，如身份保护建议、心理辅导等，以减轻事件对学生个人生活和学习的影响。

安全事件发生后，高校需进行深入的事件分析，查找事件发生的根本原因，评估事件的影响程度和损失情况，并对应急处理过程中的不足之处进行反思和总结。基于分析结果，高校应对现有的安全预案进行优化和完善，加强系统的安全防护措施，修复已发现的漏洞，并提升整体的数据安全防范意识。此外，高校还应加强员工的安全培训和教育，提高他们在数据安全事件中的应对能力和防范意识。通过定期的演练和培训，确保员工能够熟练掌握应急响应流程，提高整体的数据安全应急处理能力。这一系列的后续优化措施，旨在构建一个更加安全、稳健的高校大学生管理系统，为学生的数据安全和学校的正常运营提供有力保障。

第三节　学生数据管理系统的优化路径

高校学生数据管理系统建成后并非一劳永逸。面对大数据时代新挑战，持续优化系统很有必要，其能提升管理效能，更好地服务学生成长。

一、系统性能的优化策略

在高校学生数据管理系统里，系统性能影响着管理效率与质量。优化系统性能，能让数据处理更高效、功能使用更流畅，为学生管理提供有力支撑。

（一）数据处理效率的提升

采用分布式存储系统，将学生数据分散存储在多个节点上，避免单一存储设备的性能瓶颈。利用云计算技术，动态分配存储资源，根据数据量的变化灵活调整存储空间。同时，对数据进行分区存储，按照数据的类型、时间等维度进行划分，减少数据查询时的扫描范围，提高查询速度。例如，将学生的成绩数据按学年进行分区，在查询某一学年成绩时，只需扫描相应分区的数据。

运用并行计算算法，将数据处理任务分解为多个子任务，同时在多个处理器或计算节点上进行处理。例如，在对学生的综合评价数据进行分析时，采用并行排序算法，可大幅缩短排序时间。采用智能索引技术，根据数据的使用频率和查询模式建立索引，加快数据的查找和检索。对于经常用于查询的学生学号、姓名等字段，建立索引，能快速定位到所需数据。在高校学生数据管理中，存在大量实时性要求较高的数据，如考勤数据、消费数据等。采用流式处理技术，对这些实时数据进行实时采集、处理和分析，及时发现异常情况并做出响应。利用消息队列技术，对数据进行缓冲和调度，确保数据的有序处理，避免数据积压导致处理延迟。随着时间的推移，学生数据会不断增加，其中可能存在大量的冗余数据和过期数据。定期清理这些数据，释放存储空间，减少数据处理的负担。对数据进行质量检查和修复，保证数据的准确性和完整性，避免因数据质量问题影响处理效率。采用高性能的服务器、存储设备和网络设备，为数据处理提供强大的硬件支持。利用固态硬盘（SSD）代替传统的机械硬盘，提高数据的读写速度。升级网络带宽，确保数据在传输过程中快速稳定。

（二）系统响应速度的优化

对查询语句进行优化，避免复杂的嵌套查询和全表扫描，使用索引来加速数据检索。对经常使用的查询建立合适的索引，减少查询时间。对数据库进行定期的性能优化，如清理无用数据、重建索引等，保持数据库的高效运行。

在系统中设置缓存机制，将经常访问的数据存储在缓存中，当用户再次请求相同数据时，直接从缓存中获取，无须重新查询数据库。对于学生的基本信息、课程表等数据，可采用缓存技术，减少数据库的访问压力，提高响应速度。采用分布式架构，将系统拆分为多个服务模块，每个模块独立运行，通过网络进行通信。这样可以提高系统的并发处理能力，减少单点故障的影响。对系统进行负载均衡，将用户请求均匀分配到多台服务器上，避免某个服务器过载导致响应变慢。压缩页面代码，减少页面加载时间。采用异步加载技术，在页面加载时只加载必要的内容，其他内容在用户需要时再进行加载。对图片等资源进行优化，压缩图片大小，提高图片加载速度。

建立性能监控指标体系，对系统的响应时间、吞吐量等指标进行实时监控。根据监控结果，分析系统性能问题的原因，采取相应的优化措施。通过不断优化系统响应速度，高校学生数据管理系统能够更好地满足大数据时代高校管理的需求[④]。

（三）资源利用率的提高

根据不同时期学生数据处理的需求变化，动态调整服务器的计算资源和存储

---

④ 林启德.大数据背景下民办本科高校学生就业问题研究［J］.产业与科技论坛,2022,21(08):253-254.

资源。在学期末成绩统计、奖学金评定等数据处理高峰期，增加服务器的计算资源，确保系统能够快速处理大量数据。而在日常数据维护阶段，适当减少计算资源的分配，避免资源浪费。采用虚拟化技术，将物理服务器划分为多个虚拟服务器，提高服务器的利用率。这样可以在一台物理服务器上同时运行多个虚拟服务器，分别处理不同的业务，降低硬件成本。

采用磁盘阵列技术，将多个磁盘组合成一个逻辑存储单元，提高数据存储的可靠性和读写性能。根据数据的重要性和访问频率，采用分级存储策略。将经常访问的学生数据存储在高速存储设备中，如固态硬盘；而将历史数据、备份数据等不常访问的数据存储在低速存储设备中，如磁带库。这样既能保证系统对常用数据的快速访问，又能降低存储成本。对操作系统进行优化，关闭不必要的服务和进程，减少系统资源的占用。定期更新操作系统和相关软件，以获得更好的性能和安全性。在开发学生数据管理系统时，采用轻量级的开发框架和技术，减少系统的内存占用和处理时间。避免使用过于复杂的算法和功能模块，确保系统简洁高效。对数据库进行合理的设计，优化表结构和索引，减少数据冗余和查询时间。采用数据库分区技术，将大表按照一定规则进行分区，提高数据查询和维护的效率。定期对数据库进行备份和清理，删除无用的数据和日志文件，释放数据库空间。优化网络拓扑结构，减少网络延迟和带宽浪费。采用负载均衡技术，将网络流量均匀分配到多个网络设备上，避免网络拥塞。

对网络设备进行定期维护和升级，确保网络的稳定性和可靠性。加强对管理人员的培训，使其熟悉学生数据管理系统的操作和维护，能够及时处理系统故障和问题。建立科学的绩效考核机制，激励管理人员积极工作，提高工作质量和效率。合理安排管理人员的工作任务，避免人力资源的闲置和浪费。在数据处理能力过剩时，将闲置的计算资源出租给其他有需求的单位；在数据存储方面，与其他高校联合建设数据中心，实现数据的集中存储和共享。这样既能降低单个高校的建设成本，又能提高资源的利用效率。通过对硬件、软件、数据库、网络和人力资源等多方面资源的合理调配和优化利用，高校学生数据管理系统能够在有限的资源条件下实现最佳的性能表现，为大数据时代高校的学生管理工作提供坚实的保障。同时，不断探索和创新资源利用模式，持续提高资源利用率，将是高校学生数据管理系统未来发展的重要方向。

二、用户体验的优化策略

高校学生数据管理系统面向广大师生，用户体验至关重要。良好体验可提高使用积极性与满意度，优化用户体验策略势在必行。

（一）界面设计的用户友好性

去除不必要的元素和复杂的操作流程，让界面布局清晰明了。将常用功能置于显眼位置，方便用户快速找到并使用。例如，将学生信息查询、成绩录入等功能设置在主界面的导航栏，用户无需在众多菜单中寻找。采用简洁的图标和文字说明，避免使用过于专业或生僻的术语，确保不同技术水平的用户都能轻松理解。选择和谐、舒适的色彩方案，避免使用过于刺眼或对比度太高的颜色。根据高校的文化特色和品牌形象，确定主色调和辅助色调。例如，以蓝色为主色调，营造出专业、沉稳的氛围。同时，注意色彩的功能性，使用不同颜色区分重要信息和普通信息，如用红色标注紧急通知，用绿色显示正常状态。

提供清晰的操作提示和反馈信息，让用户在操作过程中随时了解系统的状态。当用户提交数据时，及时显示处理进度和结果。采用简洁的操作方式，如一键式操作、拖拽式选择等，减少用户的操作步骤。支持多种输入方式，如键盘输入、鼠标点击、触摸屏操作等，满足不同用户的使用习惯。随着移动设备的普及，用户可能会在手机、平板等设备上访问系统。因此，界面要能够自适应不同屏幕尺寸，保持良好的视觉效果和操作体验。在小屏幕设备上，自动调整布局和字体大小，确保内容清晰可读，操作方便快捷。通过简洁直观的布局、合理的色彩搭配、便捷的交互设计和响应式设计，高校学生数据管理系统的界面将更具用户友好性，为用户提供更加舒适、高效的使用体验。

（二）功能模块的个性化定制

高校的管理人员主要关注学生的整体信息统计、数据分析以及决策支持等功能。为他们定制包含学生综合情况报表生成、数据分析模型应用等模块，方便其快速获取关键信息，做出科学决策。教师则更注重教学相关的功能，如课程安排、学生成绩管理、作业批改等。为教师定制具有教学任务管理、成绩快速录入与分析等功能的模块，提高教学工作效率。学生自身可能更关心个人信息查询、课程选择、考试安排等功能。为学生定制个人信息中心、选课系统等模块，让学生能够便捷地获取自身相关信息。理工科专业可能需要更多与实验数据管理、科研项目进度跟踪相关的功能模块。文科专业则可能更注重学生的论文写作指导、学术活动参与情况统计等功能。根据不同专业的需求，定制相应的功能模块，使系统更好地服务于各学科的教学和管理工作。在招生阶段，需要定制包含招生计划管理、考生信息收集与筛选等功能的模块。在就业阶段，定制就业信息发布、学生就业意向统计、企业招聘对接等功能模块。这些针对性的功能模块能够满足不同管理阶段的特殊需求，提高管理工作的精准性和效率。

系统应提供灵活的配置选项，允许用户根据自己的使用习惯对功能模块进行调整。用户可以自主选择显示或隐藏某些功能模块，调整模块的布局顺序。还可以设置常用功能的快捷方式，方便快速访问。

（三）用户反馈的快速响应

设立专门的在线反馈平台，用户可以随时在平台上提交问题、建议和意见。提供邮箱、电话等反馈途径，方便不同习惯的用户进行反馈。在系统界面显著位置设置反馈入口，引导用户积极反馈。这样能确保用户的声音能够及时被收集到，不会因为反馈渠道不畅而被忽视。

根据反馈的内容，将其分为系统故障、功能需求、界面优化等不同类别。对于紧急的系统故障反馈，要立即标记并优先处理。通过分类整理，能够更清晰地了解用户的需求和问题，为后续的处理提供依据。技术团队要具备扎实的专业知识和丰富的实践经验，能够快速定位和解决系统故障问题。服务团队要具备良好的沟通能力和服务意识，能够与用户进行有效的沟通，了解用户的真实需求。团队成员要保持高度的责任心和敬业精神，确保反馈能够得到及时、有效的处理。对于简单的问题，要在短时间内给予用户明确的答复和解决方案。对于复杂的问题，要及时向用户说明处理进度和预计解决时间，让用户感受到系统对其反馈的重视。

定期对反馈处理情况进行跟踪和回访，确保问题得到彻底解决，用户的满意度得到提升。对用户提出的合理建议和功能需求进行分析和评估，有针对性地对系统进行优化和升级。通过不断吸收用户的反馈，使系统能够更好地满足用户的需求，提升系统的性能和用户体验。对反馈处理的及时性、准确性和用户满意度进行监督和考核，激励团队成员积极工作，提高反馈处理的质量和效率。同时，要对表现优秀的团队成员进行表彰和奖励，营造良好的工作氛围。对大量用户反馈数据的分析，了解用户的使用习惯、需求变化和系统存在的共性问题。基于数据分析结果，制定更科学、更有针对性的系统优化策略，提升系统的整体性能和用户体验。

建立多渠道反馈机制、及时分类整理反馈、安排专业团队处理、快速响应问题、纳入持续改进机制、建立监督考核机制以及利用大数据分析等措施，能够实现对用户反馈的快速响应，不断优化高校学生数据管理系统的用户体验，为高校的学生管理工作提供更优质的支持。

三、系统功能的持续升级

大数据浪潮下，高校学生管理需求不断变化。学生数据管理系统要紧跟步伐，持续升级系统功能，才能满足多元管理需求，助力高效管理。

（一）数据分析能力的增强

拓展数据来源渠道，除学生基本信息、成绩数据外，纳入学生的校园活动参与情况、网络行为数据等。确保数据的准确性和完整性，对采集的数据进行严格审核和清洗，去除重复、错误的数据。

采用先进的数据库技术，如分布式数据库，提高数据存储的容量和可扩展性。建立数据仓库，对数据进行整合和分类，便于后续分析。制定完善的数据管理制度，保障数据的安全性和保密性。运用机器学习算法，如聚类分析、关联规则挖掘等，对学生数据进行深入分析。通过聚类分析可将学生按学习能力、兴趣爱好等进行分类，为个性化教学提供依据；关联规则挖掘能发现学生行为之间的潜在联系，如课程选择与成绩的关联。利用深度学习算法，处理复杂的非结构化数据，如图像、文本等。例如，对学生的论文进行文本分析，评估学生的学术水平。

将分析结果以直观的图表、报表等形式展示，如柱状图、折线图、饼图等，让管理人员能快速理解和掌握数据信息。支持交互式分析，管理人员可根据需求对数据进行筛选、排序、钻取等操作，深入探究数据背后的原因。针对不同的管理需求，建立多种数据分析模型，如学生学业预警模型、就业趋势预测模型等。不断对模型进行优化和更新，提高模型的准确性和可靠性。通过优化数据采集、提升存储管理水平、引入先进算法、开发可视化工具和建立模型库等措施，高校学生数据管理系统的数据分析能力将得到显著增强，为大数据时代高校的学生管理提供更科学、精准的决策依据。

（二）应用场景的拓展与深化

借助大数据分析每个专业的培养方案和课程体系，根据学生的成绩、兴趣和专业发展方向，为学生量身定制个性化的课程学习路径。比如，对于计算机专业的学生，依据其在编程语言、数据结构等课程的表现，为其规划后续选修课程，推荐更适合的专业方向课程，避免学生盲目选课，提高学习的针对性和效率。在考试管理上，除了常规的考试安排和成绩录入，系统可以通过分析历年考试数据，预测考试难度和学生的成绩分布，为教师调整教学重点和考试命题提供参考。还能对学生的考试作弊行为进行预警，通过分析学生的答题时间、答题模式等异常数据，提前发现可能存在的作弊迹象，维护考试的公平公正。

在学业预警方面，建立多维度的预警模型。不仅考虑学生的成绩，还结合学生的课堂出勤、作业完成情况、学习时长等数据，对可能出现学业问题的学生及时发出预警。并为预警学生提供个性化的帮扶方案，如推荐学习资料、安排辅导课程等，帮助学生顺利完成学业。与宿舍门禁系统、水电表等设备的数据对接，实时掌握学生的宿舍出入情况和水电使用情况。对于长期晚归或未归的学生，系统自动通知辅导员进行核实。同时，根据水电使用数据，对浪费水电的宿舍进行提醒，培养学生的节约意识。在校园安全管理上，整合校园监控、报警系统等数据，构建校园安全监控网络。利用视频分析技术，对校园内的异常行为进行实时监测，如打架斗殴、非法入侵等，及时发出警报并通知安保人员。还可以通过分析学生的活动轨迹和行为模式，预测可能出现的安全隐患，提前采取防范措施。在学生心理健康管理方面，收集学生的心理测评数据、日常行为表现、社交网络活动等信息，运用大数据分析技术评估学生的心理健康状况。对于存在心理问题风险的学生，及时安排心理辅导和干预。同时，为心理健康教育部门提供数据分析支持，制定更有针对性的心理健康教育方案。

在学生招生与就业管理方面，招生阶段，系统可以分析历年的招生数据，包括报考人数、录取分数线、生源地区分布等，为招生部门制订招生计划提供依据。通过对潜在生源的数据分析，如中学成绩、兴趣爱好等，进行精准招生宣传。利用社交媒体、搜索引擎等渠道，向目标生源推送个性化的招生信息，提高招生效率和质量。就业阶段，整合企业招聘信息和学生就业意向数据，为学生和企业搭建精准的对接平台。根据学生的专业技能、实习经历、职业规划等信息，为学生推荐合适的就业岗位。同时，为企业筛选符合要求的毕业生，提高就业匹配度。还可以对毕业生的就业情况进行跟踪分析，了解毕业生的职业发展状况，为学校的专业设置和教学改革提供反馈。

在教学质量评估方面，系统可以收集教师的教学数据，如教案提交情况、授课时长、教学方法使用等，以及学生的学习反馈数据，如课程评价、作业完成情况等。通过多维度的数据分析，全面评估教师的教学质量。为教师提供个性化的教学改进建议，帮助教师提高教学水平。同时，为学校的教学管理部门提供决策支持，如教师的绩效考核、教学资源的分配等。在教学资源管理方面，整合学校的各类教学资源，如教材、课件、在线课程等。通过分析学生的学习行为和需求，为学生推荐合适的教学资源。同时，对教学资源的使用情况进行统计和分析，评估教学资源的有效性，为教学资源的更新和优化提供依据。

在学生社团活动管理方面，系统可以记录学生社团的活动信息，如活动计划、参与人员、活动效果等。通过分析活动数据，了解学生社团的发展状况和学生的参与度。为社团管理部门提供决策支持，如社团的审批、活动经费的分配等。同时，为学生提供社团活动推荐，根据学生的兴趣爱好和参与历史，推荐适合的社团活动，提高学生的社团参与度和活动质量。在家校沟通方面，系统可以搭建家长与学校之间的沟通桥梁。定期向家长推送学生的学习成绩、在校表现、考勤情况等信息，让家长及时了解学生的动态。同时，家长可以通过系统向学校反馈意见和建议，促进学校与家长之间的互动和合作。利用大数据分析家长的反馈信息，了解家长的需求和关注点，为学校改进管理提供参考⑤。

在学生学业管理、日常管理、招生与就业管理、教学质量评估、教学资源管理、社团活动管理和家校沟通等多个方面拓展与深化应用场景，高校学生数据管理系统能够全面提升高校学生管理的水平和效率，为大数据时代高校的发展提供有力支持。

（三）技术创新的持续引入

引入人工智能技术，利用自然语言处理实现智能客服功能，快速解答学生和管理人员的常见问题，节省人力成本，提高服务效率。通过机器学习算法对学生数据进行深度分析，挖掘潜在规律，如预测学生的学业表现、就业趋势等，为管理决策提供科学依据。

学生的成绩、证书等重要数据存储在区块链上，确保数据的真实性和可信度，方便学校、企业等各方进行验证和查询。同时，区块链的分布式账本特性还能提高数据的共享效率，促进不同部门之间的数据流通。在校园内部署各种传感

---

⑤ 谭英,肖静,王潇洒.利用大数据技术开展大学生就业指导工作方法探析[J].中国大学生就业,2022,(06):37-43.

器，如考勤打卡设备、智能教室设备等，实时收集学生的出勤情况、学习环境数据等。这些数据反馈到系统中，能让管理人员更全面地了解学生的学习和生活状态，及时发现问题并采取措施。无需高校自行建设大规模的数据中心，通过云计算平台即可轻松实现数据的存储和处理，降低建设和维护成本。同时，云计算的弹性扩展特性使系统能够根据数据量和用户访问量的变化灵活调整资源配置。开发人员无需编写大量代码，通过可视化界面和少量代码即可快速搭建新的功能模块，缩短开发周期，提高开发效率，让系统能够更快地响应业务需求的变化。

参考文献

专著：

［1］曲丽洁.大数据时代高校学生管理工作与模式创新研究［M］.北京：文化发展出版社，202407.209.

［2］陈燕.高校教育管理创新与实践研究［M］.北京：文化发展出版社，202312.149.

［3］姚爱华，倪璞，李勇.高校学生管理工作的创新性研究［M］.北京：文化发展出版社，202310.163.

［4］邬明音.高校图书馆共创型展览［M］.北京：新华出版社，202309.149.

［5］朱军文.我国高校海外人才引进政策变迁与改革研究［M］.上海：上海交通大学出版社，202306.183.

［6］谢翠蓉，兰甲云.编辑素养与学术传播研究［M］.湖南：湖南大学出版社，202305.195.

［7］魏可媛.新时代高校艺术教育研究［M］.北京：新华出版社，202305.250.

［8］朱秀芬，黄振.高等学校分类管理与现代化治理研究［M］.沈阳：万卷出版，202304.213.

［9］邓崧，樊博，马桑，等.创新公共管理教学的理论与实践［M］.云南：云南大学出版社，202205.312.

［10］赵鲁华，张俊明.网络平台道路货运运营管理［M］.四川：西南交通大学出版社，202103.345.

［11］赵哲.高校工程人才培养质量的战略管理研究［M］.北京：化学工业出版社，202102.201.

参考文献

期刊：

[1] 李燕萍.大数据背景下高校信息化建设的思考[J].漳州职业技术学院学报,
2016, 18（02）: 85-88.

[2] 王亚明.如何做好高校学生管理工作[J].知音励志, 2016,（24）: 306.

[3] 韩浩天.大数据在高校学生管理中的应用分析[J].创新创业理论研究与实践,
2021, 4（23）: 151-153.

[4] 王荣刚.大数据在高校学生管理工作中的应用与改进[J].中外企业家,
2018（7）: 175.

[5] 张悦, 米俊魁.大数据在高校学生管理与服务中的应用研究[J].内蒙古师
范大学学报（教育科学版）, 201730（11）: 56-58.

[6] 卢璐洁.大数据在高校学生管理工作中的应用浅谈[J]才智, 2017（27）:
72.

[7] 刘洋睿, 王建允.试析大数据在高校学生管理工作中的应用[J].呼伦贝尔
学院学报, 2017, 25（1）: 11-14.

[8] 陈程, 冯正广.大数据理念在高校学生管理中的应用[J].教育观察（上半月）,
2016, 5（9）: 9-10.

[9] 潘婷.大数据时代背景下的高校学生管理工作探究[J]中国成人教育,
2016（6）: 62-65.

[10] 高翔.大数据时代高校学生管理信息化建设途径探究[J].今日财富（中
国知识产权）, 2019,（01）: 173.

[11] 钱云光.运用大数据构建高校智慧学工系统及其应用探析[J].思想教育
研究, 2022（5）: 149.

[12] 邹丽伟, 刘晋禹.智慧育人理念下的大学生信息精准服务研究[J]情报科学,
2021（8）: 120.

[13] 倪义坤, 刘科生.大数据方法在学生工作中的应用——以学生校园网络行
为数据挖掘为例[J].思想教育研究, 2021（2）: 152.

[14] 康娜, 韩薇, 黄荟宇.高校学生工作治理体系建设的路径探究[J].思想
教育研究, 2020（12）: 141.

[15] 王琼, 蒋君毅, 刘小杰.大数据背景下高职院校学生工作的创新路径[J].
教育与职业, 2020（23）: 60.

［16］周举坤."以学生为中心"的高校学生工作适应性思考［J］.学校党建与思想教育（高教版），2020（15）：54.

［17］洪娜.大数据背景下高校学生管理中的问题与对策［J］.学周刊，2023，（30）：12-14.

［18］宋沛栩.大数据视角下高校教务管理系统信息化建设研究［J］.数字通信世界，2024，（07）：40-42+123.

［19］陈彦孜.大数据背景下高职教务管理系统问题与对策研究——以广东女子职业技术学院为例［J］.电脑知识与技术，2022（15）：143-144.

［20］蔡丽珠.大数据时代应用型高校教务管理数字化发展研究［J］.科教导刊，2022（33）：20-22.

［21］林志鹏.基于青果系统的教务日常信息管理系统开发［J］.清远职业技术学院学报，2023（1）：52-58.

［22］李关禹.基于大数据背景下的高校教务学籍管理创新模式探究［J］.哈尔滨职业技术学院学报，2023（4）：132-134.

［23］高大菊.基于计算机大数据分析的社交媒体用户行为挖掘与情感分析研究［J］.信息记录材料，2024，25（10）：118-120.

［24］蒋涛.物联网技术在高校校园中的应用［J］.信息与电脑（理论版），2019，（08）：141-142.

［25］梁梦阳，赵金坤，张海秀，等.高等教育质量监测国家数据平台数据采集的问题及对策研究——以哈尔滨学院为例［J］.当代教研论丛，2022，8（08）：30-34.

［26］李栋.基于大数据的学生行为分析与管理策略［J］.公关世界，2025，（03）：75-77.

［27］张永伟.智慧校园一卡通技术和安全性设计［J］.电子技术与软件工程，2022（12）：25-28.

［28］张冬.现代电子信息技术的工程化应用研究［J］.电子元器件与信息技术，2022（03）：174-176.

［29］徐俊波，刘秀琴.新一代高校校园一卡通系统建设研究［J］.中国教育信息化，2020（09）：60-62.

［30］车慧萍.新媒体环境下高职院校学生就业指导与服务模式创新研究［J］.新闻研究导刊，2024，15（16）：118-122.

［31］江鹏飞.试论高校学生就业指导工作的创新［J］.太原城市职业技术学院学报，2024，（07）：75-77.

［32］彭汉生，尹莹，袁红红，等.基于大数据技术的学生职业规划指导方法分析［J］.电子技术，2024，53（07）：286-287.

［33］赵岩.人工智能与大数据技术在人才培养与学生就业指导中的创新应用［J］.造纸装备及材料，2024，53（03）：256-258.

［34］王浩.基于人力资源大数据开发视角的高校学生就业指导服务方法分析［J］.中国就业，2024，（03）：62-63.

［35］朱训焜，唐亚男."互联网＋"视域下大学生管理措施研究［J］.办公自动化，2024，29（03）：27-29.

［36］刘雪峰.大数据时代高校就业管理精细化研究［J］.内蒙古大学学报（哲学社会科学版），2024，56（03）：59-65.

［37］郭宇.大数据技术在学生就业指导中的应用［J］.电子技术，2023，52（05）：350-351.

［38］林启德.大数据背景下民办本科高校学生就业问题研究［J］.产业与科技论坛，2022，21（08）：253-254.

［39］谭英，肖静，王潇洒.利用大数据技术开展大学生就业指导工作方法探析［J］.中国大学生就业，2022，（06）：37-43.

［40］张怀南.国内高校学生管理的大数据应用现状和发展趋势［J］.中国医学教育技术，2019，33（06）：664-669+674.

［41］于元彬.大数据背景下高校学生心理健康教育体系构建措施探析［J］.科教导刊，2024，（05）：140-143.